「ふつうの家族」に
さようなら

山口真由

KADOKAWA

「ふつうの家族」にさようなら

はじめに

「ふつうの家族」――それは聖なる呪《のろ》いである。

のんびりした父、てきぱきした母、要領のよい妹と、そして私――。

育った家庭を思い出すとき、夕餉《ゆうげ》の食卓のホカホカとした湯気が目に浮かぶ。

スーパーの紙袋を抱えて帰宅した母は、口と手を同時に動かしながら、夕食の準備をはじめる。のんきに新聞を読んでいた父は、母からの矢継ぎ早の指令に一瞬フリーズしている。

「あなたたち、ごはんよ！」

と呼ばれて、ひとつ下の妹がちゃきちゃきと家族分の食器を運ぶ。私は読みかけの本を置く。そして、あつあつの料理が並ぶ食卓を家族で囲むのだ。

37歳。未婚。子なし。同居人は妹。凍結された卵子15個。

私は現在、おそらく「ふつうの家族」を営んではいない。

数年前に、「家族」の話が書きたいと出版社に掛け合ったとき、信頼している編集者の方は、打合室で私にこう告げた。

「家族を築きあげたことがない人に、家族を書くことはできません。読者の共感も納得も得られませんから」

そうか、私の今のあれこれは、およそ「家族」の体をなしていないのか。そのとき私は確かに傷ついたように思う。


「ふつうの家族」という聖なる呪いは、長いこと私を苦しめてきた。

「ふつうの家族」を築きあげられないことを恥じていた。クリスマスのイルミネーション、子ども服売場、絵本にテレビ番組――世間は、あまりに無邪気に、だからこそ傲慢《ごうまん》に「ふつうの家族」という価値を日々押しつけてくる。そして、彼らの理解できる「幸せのかたち」以外をはじいていく。

いや、違う。

本当のところ、私は自分が育った「ふつうの家族」を疑うことがしんどかったのだ。まだ〝何者〟でもない自分をまるごと抱え込んでくれた土台――それに疑惑の目を向ければ、今の自分の立脚点が揺らぐ。

いや、これも違う。

もっとさらに奥深いところで、「ふつうの家族」というゆるぎない基盤をぶっこわしてしまうことを、私は恐れていた。

「ふつうの結婚」「ふつうの親子」

こういうスタンダードがない世界で、「はい、この大海原、自由に泳いでくださいな」といわれたら、私は完全に自分を見失うだろう。自分は「ふつうじゃない」と思う人は、「ふつう」からどのくらい離れるかという尺度で、人生を構築している。あくまでも「ふつうの家族」あってこそ、ちょっとふつうじゃないポジションも生まれてくる。

だからこそ、メインカルチャーに挑戦するカウンターカルチャーとしての立ち位置を、私たちは決して崩してこなかった。体制あっての反体制派なんだよ。マジョリティが崩れた時点で、マイノリティも存在意義を失うんだよ。

私たちの生きる時代は複雑だ。

聖家族の呪いに傷つく自分は本物。だけど、その一方で、「ふつうの家族」を押しつけないでの一言で、たいていの面倒を免れる自分もいる。そして、これからの多様性の時代には、「ふつうの家族」からセンスのよい距離感をとった人々が、むしろ、クールだと称賛されるだろう。

これからの私たちは二枚の舌を器用に使いわけるようになる。「ふつうの家族」から弾かれる疎外感。「ふつうの家族」の先をいく高揚感。だけど、そこに共通するのは、「ふつうの家族」というスタンダードを踏み台にして、被害者になったり、先導者になったりっていうコウモリ感。

ふと、疑問がわいてくる。

「ふつうの家族」――この聖なる呪いから、私は本気で解放されたいのだろうか？　逃れたいともがいてみせながら、本気で逃げ出す気なんかないオママゴト。私はずっとそうやって甘ったれてきたんじゃなかろうか。

「ふつうの家族」へのコンプレックスを語ることはできる。その実、誰にも見られたくない生乾きの傷じゃなくて、古びた傷跡に変わったお話ばかりを披露している気がする。そうやって、商品棚に陳列可能な不幸を叩《たた》き売って、自己憐憫《れんびん》の甘い蜜《みつ》をすする。その繰り返しでは、私たちはここから抜け出せまい。

だから、この本を「ふつうの家族への挑戦状」にはしない。立ち向かってるふりをして、「ふつうの家族」なる価値に寄っかかってきた安易な自分にさようなら。

代わりに「ふつうの家族解体新書」を試みよう。

「ふつうの家族ってなんなんだ？　そもそも家族ってなんなんだ？」生々しい傷をさらしてみよう。葛藤《かっとう》を打ち明けよう。躊躇《ちゅうちょ》を捨てて、心の一番奥の扉を、今、開こう。

目次

第2章　結婚　67

第3章　家族　119

第4章　老後　155

第5章 国境 195

装画　赤
装幀　原田郁麻

第1章
親 子

言葉を失った「卵巣年齢50歳」の衝撃

「卵巣年齢50歳」

桜の時期も終わりが近づいたある日のこと、私は不妊治療クリニックの診察室で医師にそう告げられた。

平日にもかかわらず、次々と患者が入ってくる不妊治療クリニックはせわしない。待合室のソファにあふれた人たちが、並べられたパイプ椅子に座ってひたすらに待っている。私の横にいる女性は20代に見える。その隣の女性はおそらく40代後半だろう。この待合室は女だけの空間ではあるが、年代には相当なばらつきがある。

共通しているのは、皆一様に不機嫌そうな顔をしていること。多くの人が周囲には目もくれず、スマートフォンをいじるか、編み棒を振りまわすか、思い思いに自分の世界に閉じこもっている。

必ずしも座り心地のよくない椅子で待つこと1時間。正直、こんなに待つとは予測していなかった。私は、パソコンを開いて仕事をはじめる。静かな待合室でキーボードを打つ音がカチカチ、コチコチと響く。その音が気になって周囲を見回すが、私のように仕事をはじめる人はほかにいないようだ。仕事をしている女性は、この場所には来ないのだろうか？　それとも、不妊治療を続けるために仕事をセーブしているの？

パソコンを開いてから少し経ち、ようやく私の番号が呼ばれた。さほど広くない診察室のなかで、女性の医師と向き合う。朝から多くの患者を相手にしたであろうその女性は化粧っ気がなくほとんどすっぴんに近い状態で、口調はさばさばとしている。そして彼女は、さばけた口調のまま、先日受けた血液検査の結果を私に示して冒頭の言葉を告げたのだった。

私は一瞬、言葉を失う――。

AMHという言葉をご存じだろうか？

アンチ・ミューラリアン・ホルモンなるものを指すらしい。そんなことをいわれても、多くの人には意味不明だろう。このAMHという名のホルモンは、発育過程にある卵子のもとから分泌されるそうだ。卵巣のなかでは、生理周期のたびに卵子のもとが目を覚ます。一度の排卵で子宮に降りてくる卵子は、たったのひとつだけ。しかし、目覚める卵子のもとは決してひとつではない。長いまどろみから起き出したいくつもの卵子のもとのなかでもっとも成長したひとつだけが、選ばれて子宮へとつながる卵管に降りてくるのだ。

そしてこの卵管で、もっとも速く〝奇跡の海〟を泳ぎ切ってきた精子と出会い、ようやく受精卵となる。ちょっと陳腐なたとえを使ってしまったが、話をもとに戻そう。

女性の身体というのは、それこそ「砂時計」のようなものである。

母親の子宮のなかで私たちは、600万から700万個という卵子のもとになる細胞を大量に抱えている。だからといって油断は禁物である。この細胞は、なんと出生時には100万から200万個に減少する。そして、思春期には20万から30万個になってしまう。初潮のあとには、生理の周期のたびに、だいたい3から30個の卵子のもとが目覚め、その陰で1000個が姿を消すそうだ。そして、そのうちのひとつだけが選ばれて卵管に降りていく。その過程で選ばれなかった者たちが姿を消す。

まるで、ミスコンテストみたいな仕組みだ。何人もの女性たちがエントリーして、自己アピールして、だけど、その多くがデビューすらできないミスコン。それとどこか似ている。

頭上にティアラをきらめかせて涙を流すチャンピオンの陰で、散っていく何人もの候補者たち――。そう、私たちは生理周期ごとに卵子のもとを失いながら生きていく。それは決してひとつではない。いくつもいくつも……。私たちの身体に残されている卵子のもとの数には限りがある。そして、それは治療によって増えることはない。徐々に、しかし、確実に減っていく。

だから、女性の身体は「砂時計」だと書いたのだ。

結婚じゃない！　子どもなんだ!!

自分の身体に、あとどのくらいの卵子のもとが残っているのかを正確に知る手立てはない。だが、ＡＭＨの値によってそれを推測することができるという。

排卵の６カ月くらい前になると、眠りから起き出す準備をはじめた卵子のもとたちがサインを送ってくれる。いわばそれは、ミスコンへのエントリーシートみたいなものかもしれない。エントリー数が多ければ、血中に含まれるＡＭＨの値が高くなる。つまり、卵巣のなかにまだ多くの潜在的なミスコン候補者が残っていると推測されるのである。

そして私は、このＡＭＩ値がとても低かった。

０・４３ｎｇ／ｍｌという値だ。

たとえば、27歳以下の基準値は６ｎｇ／ｍｌくらいで、30代後半だと３ｎｇ／ｍｌくらい。１ｎｇ／ｍｌを切るというのはとても低いということを意味するそうだ。

知り合いの産婦人科医にこの値を告げたとき、彼は思わず驚いた顔をして「ひくっ」とつぶやいた。通常よりも低い数値だと認識していても、専門家からそうリアクションされると心の表面が新たにささくれ立つ。この値から推測するに、私の卵巣には卵子のもとが多くは残っていない。そこから、「卵巣年齢50歳」という言葉が出てきたのである。

不妊治療クリニックの女性医師は言葉を続ける。

「こういう卵巣の場合、たくさん卵子を得ようとして無理に刺激してしまったら、閉経するわよ」

30代で聞く「閉経」という言葉の響きは重い。帰りの山手線《やまのて》のなかで私は泣けてきてしまった。前の席に座る20代のカップルは気まずそうに視線を逸《そ》らす。完全な八つ当たりと認識しつつも、それすら神経に障る。私より若いのに、このカップルはもうすでに伴侶《はんりょ》となり得る者と一緒にいる。「妊娠」という〝ゴール〟については、彼らは私のはるか先をいく。

え、ちょっと待って、「妊娠」という〝ゴール〟って、いつから、私、そんなふうに思うようになったのだっけ？

正直、「卵巣年齢50歳」と聞くまで、抽象的には子どもがほしいと思っても、具体的に考えたことはなかった。
今まで、そういうパートナーにめぐりあえなかったし、なんとなく後回しにしても大丈夫だと思っていたし。ほら、滝川《たきがわ》クリステルさんだって、菊川怜《きくかわれい》さんだって、40歳前後で無事にお子さんに恵まれているわけじゃない？　私は今、仕事が正念場だし、まだまだ仕事での評価だって確立していないし……。その繰り返しで、私は37歳になっていた。

そこで、これから本当に子どもを持たない人生を歩むのかもしれないという事実に直面したとき、私は、あきらかに動揺したのである。
どうしよう？　そうなんだ？　そうだっけ？　それで本当にいいんだっけ？

「女性の人生は既婚か未婚かよりも子供のある無しで変わる⁉」

子どもがいないという視点から女性の生き方に切り込んだ『子の無い人生』（角川書店・2016年）。筆者の酒井順子《さかいじゅんこ》さんが一番会いたかったというのが安倍昭恵《あべあきえ》さんだそう。そして、出版を記念してのふたりの特別対談の見出しがこれである。昭恵さんの人生に重ねると、確かに説得力が半端ない。彼女は安倍晋三《しんぞう》氏の妻であっても、誰かの母じゃない。そうか、結婚じゃないんだ！　子どもなんだ!!

ところが、「家族法」はそうなってはいない。

民法の条文を読むと、「婚姻」の章が先に来て、「親子」の章がそれに続く。つまり、基本を夫婦に置き、そのうえに親子を重ねるというのが家族法の構造なのだ。日本の民法はフランス法に由来する。家族の最小単位を夫婦に置くというのは欧米的な発想である。そしてそれは、結婚に神聖な意味を持たせるキリスト教的な発想に基づく。

でも、ここで私はちょっと困惑する。37歳独身女性の生活実感として、「結婚∨子ども」というのは、果たして正しいのだろうか？　私の知り合いのなかには、「子どもがほしい」という理由で結婚した人が何人もいる。

子どもがほしいと思ったとき、確かに、ひとりで子どもの母になるという手だってある。それがシングルマザーである。でも、これには相当な覚悟が必要だろう。両親にも、上司にも、友人にも、そして、世間に対しても、どういう気持ちで、どういう経緯によって、シングルマザーになるという決意をするに至《いた》ったかを、説得力を持って説明できなければならない。そうしなければ、いや、そうしたとしても、「父のいない子どもを持つなんて母のエゴの犠牲になったかわいそうな子」というレッテルは、子どもについてまわるのだ。

精子バンクはオンラインデート

そこで、私は思い出した。留学していたときに私は、シングルマザーになる方法を真剣に考えていたのだった。いや、人生の選択としてではなくて、授業の課題だったのだけど。

２０１６年、ハーバード・ロー・スクールの春学期の授業で、私は「子どもを産む権利と正義」というクラスを選択した。内容は、避妊とか、中絶とか、出産とか、子どもを産むか産まないかという選択にかかわるもの一切合切。ゼミ形式の少人数のクラスは、通常は座学だが、体験学習も含まれていた。

いくつかある体験学習の課題のなかから私が選択したのは、「シングルマザーになるには？」というテーマだった。

「選択的シングルマザー」という言葉を聞くことがある。妊娠をしてしまったものの、付き合っていた男性に父になるのを拒否された。そうやってシングルマザーになることを強いられたのではない。はなから自分の意図でシングルマザーになることを選択した人を指す。

これを「新しいライフスタイル」と手放しで称賛するつもりはもちろんない。母になりたいというエゴを、子どもに押しつけている側面は確かにあるだろう。

そもそも、賛成とか反対とかの前に、「選択的シングルマザー」という言葉それ自体が、私にはどこか現実味を持って感じられなかった。遠い世界の話のような気がしてしまう。その理由は、そういった選択をした知人が私のまわりに少ないからだろう。だからこそ、もっと具体的に現実的に考えてみたいと思ったのが、このテーマを選んだきっかけだった。どういうプロセスを経るのだろう？　金額的にはいくら支払うのだろう？　そういう事実を、リアリティをもって知りたい。そのための調査方法から自分で計画しなくてはならないのが、この体験学習の課題だった。そこで私はまず、「シングルマザーになると決意した人」になりきってみようと思ったのだ。

選択的シングルマザー志望者になりきって考えてみよう。子どもを産むために、どういう方法があるのだろう。

「父親になってもらう必要はないけれど」とお願いして、割り切った関係によって妊娠した人がいると耳にする。

ところが、である。まず私には、「割り切った関係」をお願いできそうな知り合いが思い当たらない。そしてこの場合、いくら事前に約束していても、男性が子どもの父になってしまう可能性がある。母が心変わりして男性に養育費を請求すれば、間違いなく認められてしまうからだ。逆にいえば、男性が子どもとの父子関係を求めれば、それを拒絶する権利は母にもない。

父親に養育してもらう権利は、母ではなく子どもの権利なのだ。したがって、これは当然である。ゆえに、男性のほうにもそれなりに覚悟がなければ、決して引き受けてくれないだろう。

そこで、クラスを担当しているミンディ・ローズマン先生が教えてくれたのは「精子提供」という方法だった。知り合いの男性から精子をもらって、人工授精によって妊娠するのがもっともお手軽な方法だ。子宮に近い場所に精子をダイレクトに注射する人工授精なら、それこそ、病院に行かずとも自宅でできてしまう。だから当然、費用も安くなる。子どもがほしいと願う女性の同性カップルの半数はこの方法によるという。

この場合、精子を提供した男性は、もともと母親の親友だったりする。なので、それ以降も友情が維持されることが多い。たとえば、子どもの誕生会に呼ばれてプレゼントを渡したり、母が仕事で忙しいときに子守りを引き受けたりすることになる。そのうち、男性が子どもに親としての愛情を抱くようになって、父としての権利を裁判所に求めることもある。

父親がいるというのは、子どもにとってはいいことかもしれない。しかし、教育方針をめぐって対立した母が、男性と子どもを会わせないようにしたり、頻繁に裁判所に呼び出されて不機嫌になったりするということを考えると、まわりの大人が争っているのは子どもにとってのストレスになるだろう。

一方、「精子バンク」の場合には、こうしたことはほとんどない。

匿名の精子ドナーから提供を受けた場合、誰が父なのかは事実上わからない仕組みだからだ。かつ、精子ドナーの側も、父になりたいなんて意向は、ほとんど持っていないのだ。精子を提供してくれる知人の心当たりなんてあるはずもない私は、「精子バンクから精子を買ってきてシングルマザーになる方法」というのを検討してみることにした。

最初のステップとして、精子バンクの数ある精子ドナーから好みのものを選んでみることにする。

アメリカには、いくつもの民間の精子バンクが存在する。なかでも、カリフォルニア・クリオバンクやフェアファックス・クリオバンクは有名である。私は早速、カリフォルニア・クリオバンクのホームページで、精子ドナーの検索を開始する。これが本当にすごい！

いってみれば、なんでも選べるのだ。身長、体重、髪の色、目の色……。アジア人の血とヨーロッパ人の血の複雑な混合だって、およそあらゆる希望がかないそうな気配がする。ちょっとお金を払えば、精子ドナーの写真だって見ることができる。ただし、サイトから閲覧できる写真は5歳くらいの幼いときの写真まで。それより上の年齢の写真は見られないのが原則だ。成人した後の写真だと、今の時代、ＳＮＳとかで匿名のはずの精子ドナーを特定できてしまうことに配慮している。

とはいえ、大人になってからの写真が一番気になるのも事実だろう。フェアファックス・クリオバンクは、追加のお金を払うと成人後の写真も見せてくれるという。

プロフィールには、ドナーやその家族の病歴のほか、高校や大学での成績、得意科目と苦手科目、スポーツマンタイプか、数学が得意か、メカに強いかといった情報が並ぶ。

さらに、「自分の性格をどう表現しますか?」「家族のなかで誰と仲がいいですか?」「自分の子どもに伝えたい教訓はなんですか?」などの質問に対する精子ドナーの答えを読むこともできる。また、スタッフと話している会話から彼の声を聴くことができる。

容姿や成績、病歴を手がかりにして、理想の遺伝子を追求することもできる。文章や声色を参考にしながら、彼の人柄に思いをはせることもできる。アメリカでは、お金さえあれば、いや、大した金額を支払わなくても、ドナーの情報はほとんどなんでも手に入るのだ。

このリサーチ結果を発表したときに、ローズマン先生は「まるでオンラインデートみたいね」という感想をもらした。

誰でも精子ドナーになれるのだろうか? そんなことは決してない。精子バンクに話を聞いてみると、精子ドナーになれる人の条件は厳しい。法律で定められた伝染病の検査のほか、自分や家族の病歴のチェックを受けなくてはならない。さらに、身長や学歴の最低条件があり、結局、精子提供を希望する人のうち、なんと1%しか精子ドナーになれないそうだ。これは驚きの希少さだと思う。精子ドナーになれる人というのは、まさに選りすぐりの〝精子界のエリート〟ということになる。

というのも、アメリカでは「精子ドナー」は大学生の割のいいバイトとして知られており、特に数多くの大学がひしめくカリフォルニア州なんかでは、希望者はあとを絶たないのだ。精子バンクによれば、当時で1回につき約100から200ドルの対価をもらって、1週間に一度（最短で3日に一度）の頻度での提供を2年くらい継続することが原則とのこと。

精子提供を受ける女性の側からすると、精子の安定供給が望ましい。妊活をはじめてから実際に妊娠するには半年から1年以上かかるかもしれない。その間にせっかく時間をかけて選んだ精子が枯渇して、イチからやり直しとなると気落ちしてしまう。精子を提供する大学生の側からしても、大した労力を要さずに月400から800ドルの収入を得るのは〝おいしい〟バイトなのかもしれない。

精子のお値段

さて、次なる調査は精子のお値段だ。

学業優秀、容姿端麗、文武両道みたいな条件を望めば、支払うべき金額も増えていくのだろうか？

答えは「ＮＯ」。

カリフォルニア・クリオバンクの場合には、どれほど人気のある精子ドナーでも金額はすべて一律で、一単位９４５ドルということが判明した。もともと、精子ドナーになる時点で、厳選された「理想の遺伝子」なので、さほど人気に差がつくということもないらしい。

では、選びに選んで精子ドナーを見つけることに成功したと仮定しよう。その後、その精子を使って妊娠するという過程がある。それはいったいどんな手順で、費用はいくらかかるのだろう。

そこで私は、ボストンＩＶＦクリニックという、ボストンでもっとも老舗の生殖補助医療クリニックにアポイントを取ってみることにした。もちろん、病院側に必要以上に時間を取らせたり、迷惑をかけたりしてはいけないので、「情報収集をはじめたばかりで、具体的な手術の予定は立てていないと病院側に説明する」「２回目以降の予約は入れない」など、研究目的として正当な範囲に収めるように、演習担当であるローズマン先生と細かく打ち合わせもした。


当時、私が住んでいたケンブリッジから、ボストンＩＶＦクリニックは遠い。２本のバスを乗り継いで、１時間近い道のりをかけて、ようやくたどりついた先は、背の高い雑草が生い茂る郊外の荒れ地だった。

周囲には家すら見当たらない。本当にこんなところに不妊治療クリニックがあるのだろうか。若干の不安に駆られながら、スマートフォンの地図情報を頼りに坂をのぼる。坂の中腹で、突然、広大な平屋建ての白い建物が見えてきたときには心からほっとした。白い壁に銀色で大きく描かれた「ボストンＩＶＦ」の文字を、遠くからでも読み取ることができたからだ。建物も広大だけれど、駐車場も広い。そこに数台の車がまばらに停まる。学校の春休みを利用してきたのだけれど、平日は不妊治療クリニックも混んではいないようだ。

少し話は逸れるが、日本の不妊治療クリニックは街中にあるところが多い。ターミナル駅直結のクリニックは、通うための利便性を謳《うた》う。だが、車社会のアメリカでは、少し事情が異なるのかもしれない。車がなければ、このクリニックに通うことは難しいだろう。

少し緊張しながら、クリニックの正面玄関から入る。

受付の警備員のような男性に、カウンセラーの方とアポイントメントがあることを伝える。すぐに愛想のよい、ベテラン風の女性が出迎えにきてくれた。「ロンダよ」と彼女は名乗る。

私は不思議に思っていたことをロンダに尋ねた。日本の不妊治療クリニックにあるような大きな待合室が、そこにはなかったのだ。みんなどうやって診察を待つのだろう？

「ああ、そのことね」と、ロンダは笑って、廊下に並ぶ扉のひとつを開ける。狭い個室にはソファと椅子が置かれている。

「待合室は個室にしているの。不妊治療クリニックには、ときとして子どもを連れてくる人がいるし、大きなお腹を抱えて妊娠の報告をしにくる人もいるわ。一方で、長年、不妊治療を続けてきた人のなかには、妊婦さんの姿を見たとたんに涙が止まらなくなる人もいるの。だから待合室は、ほかの人と会わないで済むように個室にしているのよ」

彼女のにこやかな説明を聞きながら、あっけらかんとして見えるアメリカの空の下でも、不妊というのは深刻な悩みであることに気づく。

ロンダは、私を白一色の部屋に招き入れる。

ここがカウンセリングルームだという。そこで私は治療に関する説明を受ける。治療を開始する場合には、最初にカウンセリング予約をする必要があるとのこと。そして、精子提供を受ける場合には、それぞれの患者さんに合わせたテイラーメイドの治療となるため、標準治療というものがないと告げられる。そのため、医師とのカウンセリングでその後の治療方針を決めるのが最初のステップとなる。これが350ドル。

次に、生理周期3日目に血液検査も必要になる。この検査によって、生殖機能のレベルが分かるそうである。これが300ドル。続いて、X線で子宮や卵管の様子を検査する。これが1000ドル。さらに、精子ドナーを使用するならば、ソーシャル・ワーカーによるカウンセリングも必要になるという。アメリカの医療費は、日本と比べてずいぶんと高い。日本だと血液検査は8000円程度だし、超音波検査は3000円くらいのところが多いのではないか。

生殖機能や子宮、卵管の検査で特に難しい点が見つからなければ、先ほどのお話のとおり人工授精がもっともシンプルな方法だそうだ。

子宮のそばに精子をダイレクトに注射するというロンダの説明に、私はぎょっとする。しかし彼女は、実際にはしごく簡単な施術で、妊娠過程も通常の妊娠となんら変わりはないから心配しなくていいと告げる。簡単な施術だけに1回につき150ドルで済んでしまうらしい。

もっとも、性行為による妊娠と同じで、確率の問題がある。

「妊娠しやすい時期を狙って注入しても、1回で成功するのはまれよ」というロンダの言葉からすれば、複数回のトライが必要になりそうである。

じゃあ、何回続けたら妊娠できるのか？　この質問に対して、インタビューした医師やクリニックは、「妊娠の確率は個人差が大きいので、一概にはいえません」と回答を避ける。

人工授精を使用して妊娠した女性の経験を聞いてみると、彼女は2回目のトライで成功したという。ロンダによれば、これはラッキーなケースだそうだ。とすれば、まあ、だいたい5回くらいは必要なのだろうか。1回につき150ドル、それが5回ということで、しめて750ドルという計算になる。

今はかかる金額も変わってきているかもしれないが、私が当時のアメリカで調査した限りでは、仮に5回治療したと想定して、その他の検査と合計で3345ドルくらいだった。

ボストンのあるマサチューセッツ州の場合には、不妊治療は保険でカバーされる。この場合の不妊の定義とは、35歳以下の女性ならば1年間、36歳以上ならば6カ月間トライし続けても妊娠できなかったことを指す。もちろん、アメリカの医療は日本と比べてかなり高額なので、それ以上に様々な費用をとられる可能性はあるだろう。

とはいえ、ある程度の金銭を負担し、自分ひとりでやり抜く覚悟があれば、「選択的シングルマザー」は手の届く範囲ともいえる。

なんでもかんでもお金で買えちゃうアメリカ文化

「精子を売ります」という広告に抵抗を持つ人も多いだろう。「子どもを売ります」というのはアメリカでも当然禁止されている。「精子を売ります」も、若干それに近いものがある。

日本では、精子や卵子の提供に関する議論が20年近く前から続いている。そして、２０２０年12月にようやく法律ができて、この20年間の膠着《こうちゃく》状態が、今まさに大きく動こうとしているところだ。20年という年月は、人間の尊厳にかかわる問題については商業主義を排除しなければならないという、日本の慎重さの現れだ。

無精子症などの理由で精子を必要とする人がいる。不妊に悩んだ友人を持った経験があるなどの理由から精子を提供したい人がいる。本当に必要な人と提供したい人がマッチングされれば、こんな幸せなことはない。日本では、できれば公的機関が間に入って、ほしい人とあげたい人の間を調整しましょうという考えが根強いようだ。

一方のアメリカは、こういう〝権威〟みたいなものを信用しない国だと感じる。ありていにいえば、「あの人のほうが私よりも精子提供を受ける優先順位が高いなんて、どこかの偉い人に決められたくない」という考えが強いのだ。極端な話、どこかのお偉いさんに決められるくらいなら、お金で決めたほうがいいという。

確かに、それぞれの懐具合は異なるのだから、一番高い金額を支払う人が一番必要としている人とは言い難い。だが、ドナルド・トランプがどれだけお金持ちだって、アメリカの民衆は喝采《かっさい》するが、エリート感たっぷりのヒラリー・クリントンは嫌われる。スノビッシュな〝権威〟よりは、あっけらかんと金にモノをいわせる〝市場〟のほうを信用する。それがアメリカの考え方なのだ。

結果、かの国では、精子についても、ほしい人とあげたい人の調整を市場に委《ゆだ》ねる。つまり、公的機関が、精子ドナーと依頼者をマッチングするのではなくて、高いお金を払った人が買える仕組みにしてしまったのだ。

〝権威〟に決めさせるのが公平なのか、〝市場〟に任せるのがフェアなのか、公平に関する考え方は、アメリカと日本ではずいぶん違う。

個人情報追加で精子はもっと高く売れる

アメリカでの精子提供は、大学生にとっての〝おいしい〟バイトである。学生たちは、かなり軽いノリで精子を提供するとされている。名門大学のキャンパスでは、精子バンクがイベント用の簡易テントを張ってキャンペーンを展開するほどだ。呼び込みに連れられてテントに入った学生のなかには、「献血かと思ったら精子提供か、まいっか、とにかくやっとくか」みたいな気軽な人もいるという。

だが、精子ドナーは20代の大学生だけではない。30代の社会人になってから、精子を提供する人もいる。こういう人たちの多くは結婚しており、自分や身近な人が不妊に悩んだ経験を持っていると聞く。そこで、人の役に立ちたいと考えて、妻と相談の上で、精子を提供しにやって来るのだ。

気軽な大学生と熟考した社会人。

このふたつのグループは、精子提供によって生まれてきた子どもにどういう態度をとるのだろうか。その子が自分のアイデンティティを知りたい年齢になれば、自らの個人情報を明かしてもよいのか、あくまで秘匿しておきたいか——この点について、ふたつのグループの反応は異なる。

社会人グループの多くは、遺伝上の父としての自分の名前を明かしてもよいと答える。妻と相談したうえで、人助けをしたいと思って精子提供を決意した彼らは、名前を知られても困ることはない。

だが、学生グループのほとんどは匿名を希望する。学生時代なんて、みんなバカなこともたくさんするだろう。何年か経って、それを全部過去のことにして、真っ当な結婚をして家庭思いのパパになったときに、「ピンポーン、あなたの子どもで〜す」なんて突撃を受けたら、20年前の自分を恨むかもしれない。名前を明かさないとの確約は、バイト感覚の気軽な精子提供には欠かすことができない拠《よ》り所だった。

ただ、精子バンクビジネスにとって、どちらが望ましい精子ドナーかといえば、熟慮した社会人よりは軽率な学生なのである。精子バンクのなかには、名門大学のキャンパスが主要な供給源であると、声高に宣伝しているところもある。学歴が保証されれば、あとは、ぴちぴちとはねるような若くて活きのいい精子が望ましい。運動率が高い精子というのは、人工授精の場合の妊娠率を上げる。したがって、精子バンクの顧客にも喜ばれる。だからこそ、精子ドナーだけではなく、精子バンクにとっても匿名で精子提供できることは、ビジネス上、重要な生命線だった。

実際、名前を明かさなければならないという法律ができたとたんに、精子ドナーは確実に減る。それは、日本も同じである。

日本の精子ドナーの供給は、慶應義塾大学病院が一手に引き受けてきた。歴史は古い。1940年代から慶應義塾大学医学部の安藤畫一教授のグループが、医学部の男子学生をドナーとする精子提供を実施してきた。慶應義塾大学の医学部といえば、私大の最高峰である。精子提供を受けて生まれてきた子どもの多くが、成績優秀だったと聞く。

ところが今、慶応大学病院の精子提供が危機に瀕《ひん》している。

子どもの出自を知る権利なるものが、世界的に認知されるようになった。日本でも、将来的には、その権利が認められる可能性がある。精子ドナーにもあらかじめそれを伝えておかなければという趣旨で、2017年6月、同病院は、精子提供によって生まれた子どもが自らの遺伝的なアイデンティティを知りたいと願った場合、精子ドナーの個人情報をその子どもに開示する可能性がありますという内容を同意書に加えた。そうしたところ、病院としては匿名を守る考えに変わりないと記していたにもかかわらず、精子ドナーが激減したという。

同年11月には新たなドナーを確保できなくなり、翌年8月に新規の依頼の受入れを停止せざるを得なくなった。そして、いまや事業の継続が危ぶまれている。精子ドナーっていうのは、それほどに個人情報を明かしたくないもののようだ。実際、スウェーデン、イギリス、オーストラリアどこでもみんな、精子ドナーのアイデンティティを開示すると法律で定めた途端に、精子提供の数が減ったというデータもある。

子どもには自らのアイデンティティを知る権利がある。これは、抗《あらが》いがたい正論だろう。だからこそ、この子どもの出自を知る権利は、世界的な風潮となっている。1985年以降、スウェーデン、オーストリア、スイス、オランダ、ノルウェー、イギリス、ニュージーランド、フィンランドとオーストラリアで、匿名の精子提供が次々と禁じられた。

一方、匿名での精子提供は、アメリカの精子バンクのビジネス上の生命線である。だから、アメリカの精子バンクは、子どものアイデンティティを知る権利と闘い続けている。だが最近は、さすがに世界のトレンドに押され気味である。そこで2011年、ワシントン州の立法を皮切りにして、自分の遺伝的な父を知りたいという子どもの願いにもっと配慮しましょうという方向に舵《かじ》を切りつつあるのだ。

このような世界の動きに、精子バンクの実務がどのように対応しているのかというと……なんと、アメリカはここでも〝市場〟で調整することにした。

アメリカの精子バンクの値段設定を見ると、アイデンティティを明かす精子ドナーについては、匿名のドナーよりも100ドル高い金額が設定されている。

確かに、気軽に精子を提供したい学生グループは、匿名を希望する。だが、さらなる調査によると「個人情報を明かしてくれたら、追加でお金を支払います」というと、一定の割合でOKするという。そして、精子バンクはその金額を顧客に転嫁する。つまり、お客さんの立場からすると、精子のお値段に追加して、精子ドナーの個人情報を買っているのだ。精子ドナーの側から見れば、精子プラス個人情報を売っていることになる。基本的には、なんでも売り買いする国なのだろう。

アメリカのカジュアルなフェミニズム

アメリカは、先進国のなかでも抜きんでて精子バンクに寛容な国である。その背景には、精子がほしい人とあげたい人を市場でマッチングさせようという、資本主義的な考え方がある。

日本では生命の誕生にかかわる分野に商業主義を持ち込むべきではないという考え方が根強い。対するアメリカは、あっけらかんとしたコマーシャリズムの国であり、その文化が精子バンクを支える大きな柱のひとつになっている。

とはいえアメリカでも、精子提供に批判もあった。3分の1の子どもが未婚の母の下に生まれてくるとされるかの国といえど、多くの人は計画とは裏腹にシングルマザーになっている。

ティーンエイジャー同士のカップルが妊娠してしまって、両親から結婚に反対され、かといって、敬虔《けいけん》なキリスト教徒の両親は中絶も許さず、未婚のまま子どもを産むなんてこともある。この場合、母は子どもの血縁の父を知っている。捜そうと思えば捜すこともできる。父がどんな人だったかを子どもに話してあげることもできるし、子どもの養育費を請求することだってできる。だが、精子ドナーの場合には、そうはいかない。匿名の精子ドナーから提供を受けて、子どもを産む。

そうすることで、母は「計画的」に、自分としかつながりえない子どもを作り出す。その子は父を知らない。知らないだけじゃない。少なくとも、法律上、父は存在しないのだ。

もちろん、やり手のキャリアウーマンなら、子どもを物質的には不自由させないだろう。玩具《がんぐ》、旅行、教育といった必要なものは買うことができる。でも、パパはあげられない。いや、意図的にあげないのだ。しかし、どれだけ経済的に恵まれていても、自分だけで囲いこめる子を勝手に作るなんてエゴは許されないとの批判は、当然、アメリカにも存在する。

そして、このような強力な批判を前にしても、アメリカの精子バンクが発達したのは、資本主義のほかに、フェミニズムの影響があるのではないかと、私は思う。

アメリカは日本よりもずっとフェミニズムの力が強い。

というよりも、「フェミニスト」という言葉がもっとずっとカジュアルだという印象を受ける。あの映画『ハリー・ポッター』シリーズのハーマイオニー役で知られる女優エマ・ワトソンも、ドナルド・トランプの長女でゴージャスなイヴァンカ・トランプも、少なくとも自分で自分のことを「フェミニスト」と表現している。

田嶋陽子《たじまようこ》さんでも、上野千鶴子《うえのちづこ》さんでもない。ショートカットにしなくても、男に吠《ほ》えたてなくても、クールでセクシーなあなたのままで、ただちに「フェミニスト」って名乗っていい。フェミニストの垣根は明らかに低い。

アメリカのロー・スクールの友人複数とごはんを食べているときに、そのうちひとりの男性が私たちに「僕はフェミニストだから」という。私たちは「あぁ、なるほどね」とうなずきあう。

つまり、彼は今「僕は、君たちにおごることはしない。多めにも払わない。あくまで割り勘」といったのだ。

フェミニストを名乗った男性は、ごはんをおごらなくていいという〝特典〟があるらしい。だって対等なんだから、どっちかが多く払うなんておかしいでしょ？　という理屈である。そして、かの国の「フェミニスト」は、まあその程度のニュアンスで、それ以上に深刻な響きはない。

「フェミニスト」という宣言に人生を賭《か》ける必要なんてなくて、誰でも自分を「フェミニスト」といっていい国はラクチンだと思う。日本のフェミニズムも「あなたはフェミニストじゃない」という排除の論理ではなくて、もっと寛容にみんなを取り込んでいってくれればいいという気がしてくる。

リベラル・フェミニズムの考え方

話を戻すと、アメリカにはたくさんのフェミニストが存在し、家族法の分野では特に強い影響を与えている。現在のアメリカのメインストリームは、女性を男性とできる限り同じように扱おうとするリベラル・フェミニズムである。

たとえば、日本の結婚式の二次会なんかで、男性から1万円徴収しつつ、女性からは8000円しか集めないということがある。このような扱いは、一見、女性に有利に見えても、リベラル・フェミニズムの考え方からするといけないことになる。女性は男性よりも多く食べたり、飲んだりするものではないというステレオタイプが定着してしまうからだ。レディファーストをしているように見えて、結局は女性を「かよわいもの、守るべきもの」という檻《おり》のなかに閉じ込めてしまう。

だから、男女ともに一律に1万円を徴収する――これが、リベラル・フェミニズムの観点からの正しい扱いである。

男女は対称に扱われなければならない。こういう考えを根幹に置くリベラル・フェミニズムだからこそ、子どもの誕生において、男女の果たす役割が非対称になるのは、頭の痛い問題だった。

男女が性交渉をして、女性が子どもを産む。

ごくごくシンプルにした場合の子どもの誕生にいたるプロセスである。産む役割は、女性にしか負わされていない。だから、子どもを産んだ女性が母となる。父は、その女性と結婚している男性に決まるのが原則だ。女性は分娩《ぶんべん》により母となり、男性は結婚により父となる。

生殖に果たす男女の役割が非対称であるがために、同じ親であるはずなのに、父と母の決め方は同じではない。これは、対称を旨とするリベラル・フェミニズムにとっては頭痛の種だった。

もちろん、男性も女性もすべてDNAによって親子を判断しましょうという方法も考えられる。そうすれば、男も女も対称に子どもとの血縁で親子を判断することができるだろう。

だけど、よく考えてみてほしい。生まれてきた子どもすべてのDNAを鑑定するなんて無理だろう。拒否する人もいる。生まれてきた子どもすべてが夫の血縁の子ってわけもないだろう。そうじゃない子は必ずいる。知らなくてもいい事実を明らかにして、家族を壊し、いたずらに不幸な子どもを作り出すのも、なんか釈然としない。

ところで、精子提供を受けた場合、父は誰になるのだろう？

最初の精子提供の例としてアメリカの記録に残っているのは、1884年、フィラデルフィアの裕福な夫婦のケースである。彼らから不妊の相談を受けた医学部のウィリアム・パンコースト教授は、不妊の原因が夫側にあると知る。そこで、夫婦には内緒で、医学部のクラスでもっとも外見がいい男の子の精子を使って妻を妊娠させたのだそう。のちに、罪悪感に耐えられなくなったのか、パンコースト教授は夫に真実を告げる。しかし意外なことに、夫はとっても喜んだそうだ。それで、知らぬは奥さんばかりで、結局、無事に男の子が生まれたらしい。夫が変なプライドを持たずに、年若い奥さんのために素直に喜んでくれる人でよかったと、個人的には思う。

その後、ドナーから精子の提供を受けて子どもを産むケースが増えていく。子どもは、遺伝子の半分を母から、残りの半分を精子ドナーから引き継いでいる。けれど、母の夫は別に存在する。

精子ドナーと夫と、どちらが子どもの父になるのだろうか？

この問いに、アメリカの判例も迷いを見せる。

１９５０年代から１９６０年代にかけては、血のつながらない夫を子どもの父と認めない判例もあった。極端な場合には、「不倫の子」とされたこともある。母と精子ドナーは性交渉をしたわけではない。夫の同意を得て精子を提供してもらっただけである。それなのに不倫というのはさすがにひどいと、今なら思う。ところが当時、世間は見慣れぬ技術にとても冷淡だったのだ。

風向きが変わったのは、徐々にその件数が増えて、社会的な認知を得るようになってからである。そして、精子提供を受けて子どもを儲《もう》けた場合にも、精子ドナーではなく、精子提供に同意した夫が子どもの父となるという法制度が、１９７０年代のアメリカで確立していく。

「フェミニストの希望の星」が残した宣言

ただ、「なぜ?」という疑問は十分に解消されていなかった。

血のつながりもないのに、どうして「父」になるのだろう。そこに理論的な根拠を提供したのが、アメリカのロー・スクールで医事法と家族法を教えるマージョリ・マグワイア・シュルツである。

1990年に彼女が発表した論文は、親に関する画期的なアイデアを含んでいた。夫は、精子提供に同意することによって父になった。つまり、親となる理由は、子どもとの〝血縁〟にはない。親となって子どもの養育を引き受けるという〝意思〟――これこそが、彼を親にしたのだ。シュルツは、論文のなかでそう宣言する。

これは、リベラル・フェミニズムにとってのひとつの大きな武器となる。

だって、リベラル・フェミニズムは男女の対称にこだわる学問なのだから。そして、そのこだわりにとっての大きなネックは、女性は子どもを産み、男性はその女性と性交渉をすること。つまり、同じ親でも、子どもの誕生に対する男女のかかわり方が異なることだったのだから。子どもを産んだ女性を母とし、その女性と結婚している男性を父にする。そうなると、男女の非対称はどう頑張っても解消されないのだ。

ところが、これを一律に〝意思〟に変えてみたらどうだろう。

すべての個人は、生まれてくる子どもの養育を引き受けることを決意して、その決意を表明することで「親」となる。精子ドナーではなくて、精子提供に同意することで、「僕が子どもの人生を引き受ける」と表明した夫が「親」。これは、女性の場合も同じ。たとえば、向井亜紀《むかいあき》さんは子宮がんの手術を受けて子宮を摘出しているため、自分で妊娠することができない。そこで、ほかの女性に妊娠してもらって子どもを産んだ。この場合だって、代理懐胎者ではなくて、向井さんが「親」となる。

子どもを産んだことではなくて、「私が子どもの人生を引き受ける」と決意して、そう表明したことによって親となるのだ。

すべての者は等しく〝意思〟によって親となる――ここに、男女の非対称が見事に解決されている。

ハーバード・ロー・スクールのクラスの課題として、私は、シュルツの論文を読んだ。

102頁もある長い論文だ。日本語でも難しいのに、英語で読むなんて不可能と思いながら読みはじめた私は、夢中になる。非常に論理的な論文である。しかし、行間に隠された彼女の熱量が私の体温を上げていく。

シュルツは、女性が常に「お母さん」というステレオタイプを負わされることに、とても憤っていたのだと思う。自分の腹を痛めた我が子、自分の命よりも大切な我が子——そうやって「お父さん」が決して負わされなかった重荷を、その肩に背負わされることに不合理を感じていたのだと思う。

だからこそ、自分の感情的なこだわりで理論を歪《ゆが》めたといわれないように、精緻《せいち》な論理だけで文章を運んでいく。だけど私は、論文にある行間から彼女の秘めた願望を確かに感じる。会ったことがないこのシュルツさんに妙に親近感が湧いていく。

「生殖に関する新しい技術が男女の非対称を解消する」と、シュルツは論文のなかで高らかに宣言する。そして、そうすることで「女性は母の十字架から解放される」と小さな声でつぶやく。そして、このつぶやきこそが、彼女がこの論文で伝えたかった切なる願いなのだろうと、私は受け取る。

シュルツは、女性を母のステレオタイプから解放するというリベラル・フェミニズムのメッセージを、この論文にこめたのだろう。1990年代から時を超えて、その伝言を伝え聞いたようで、胸が熱くなる。

こうして新しいかたちの生殖は、男女の生物学的な違いを小さくするものとして、リベラル・フェミニストの応援を受ける。

通常、子どもに対して無関心なリベラル・フェミニズムの学者たちは、こと精子ドナー、卵子ドナーや代理懐胎については活発に発言し、「意思によって親となる」というシュルツの考えを支持した。

そして、そういう理論的なバックボーンにより、精子バンクがビジネスとして栄えていったのである。

テクノロジーが作り出す子どもたち

だけど、ここで私は再び戸惑いを覚える。

確かに、親となる意思の下で男女は平等なのかもしれない。だが、それでもやはり、女性には生物学的な限界があるのだろうと、私は身をもって感じていた。それが冒頭の「卵巣年齢50歳」である。

加齢は、男女ともに生殖能力に影響を与える。

50代に比べて20代の精子のほうが運動率は高く、それゆえに妊娠率も高い。だがそれでも、自然生殖ならばともかくとして、技術の発達した現在、ひとつでも動く精子があれば顕微授精という方法で子どもを儲けることができる。50代で父になる男性は、今の時代さほどめずらしくはない。

一方、卵子はそんなにたやすくはない。

女性の身体は卵子のもとを日々失い続け、その時計の針を巻き戻すことは、決してできないからだ。ひとつでも動けばいいという精子に対して、卵子の場合、そもそもひとつも作り出せなくなってしまう。一度にできる卵子の数も、ひとつの卵子の妊娠率も、年齢とともに確実に衰えていく。特に、37歳後半からの低下のカーブはきついという。34歳以下の女性がひとつの卵子から子どもを産める確率は11%ある。それが、43歳になると1%まで下がるのだ。ジャネット・ジャクソンは50代で母になったけれど、おそらくドナーから卵子の提供を受けてのことだろう。

必死で勉強した学生時代、男子に比べて自分が不利だと思ったことはない。懸命にもがいていた社会人のときにも、いろいろ思うところは増えても、決定的に不公平な扱いを受けたためしはなかった。でも、ここにきてはじめて、私は男女の差をアンフェアだと心から感じた。50代で血のつながった子どもを持てる男性はめずらしくもないのに、女性の場合にはそれがほぼ不可能なのだ。

こういう不平等さえも、いつかテクノロジーが解決してくれるかもしれない。

私のロー・スクールの卒論は、まさにきたるべきその新しい技術がテーマだった。

不妊治療の用語に「ＩＶＦ」というものがある。In Vitro Fertilizationの略だ。In Vitroは「試験管のなかで」を意味する。Fertilizationは「受精」である。だから、「試験管のなかでの受精」、すなわち、体外受精を指す。

最初の報告事例として、１９７８年の「試験管ベイビー」であるルイーズ・ブラウンのケースが知られる。この技術によって、卵子と精子さえ作れれば、たとえ精子の運動率が下がっていたとしても妊娠することができるようになった。これは画期的な前進だ。研究者のひとりであるロバート・エドワーズは、２０１０年にノーベル医学生理学賞を受賞しているのだから、まさにノーベル賞級の技術革新だったのだ。

そして、ＩＶＦの次の革命とされているのが「ＩＶＧ」である。これはIn Vitro Gametogenesisの略になる。Gametogenesisは「精子や卵子を形成すること」を指す。ＩＶＦの場合には、精子と卵子は人間の体内で作り出さなければならない。ところが、さらに進化したＩＶＧは、精子と卵子さえも試験管のなかで形成してしまうという。この新しい技術は、もちろんまだ実用段階ではない。だが、着々と研究が進んでいるのだ。

ｉＰＳ細胞の研究はよく知られている。

人間の皮膚細胞に特定の遺伝子を入れて培養することで、多くの細胞に分化し得る万能細胞を作り出せるというものだ。２００６年、京都大学の山中伸弥《やまなかしんや》教授の研究グループが、世界で初めて作製に成功した。この偉業により、２０１２年、山中教授はノーベル医学生理学賞を受賞する。そして、この技術を生殖の分野にも活かそうとしたのがＩＶＧである。

人間の皮膚から取った細胞から幹細胞を培養する。どんな細胞にも変わり得るという幹細胞の性質からすれば、精子や卵子に分化させることだってできるはずなのだ。そうすると、私たちの皮膚細胞から精子や卵子を作り出せることになる。マウスを使用した実験は劇的に進んでおり、実際に精子や卵子を分化させ、それを掛け合わせて受精卵を作るところまで成功している。

人間についての研究は、マウスほどドラマティックな進展はないが、それでも幹細胞から卵原細胞のようなものを分化させるところまでは成功しているという。

行きつく先はディストピア？

ＩＶＧが技術的に可能になれば、ＩＶＦを超えるインパクトがあるだろう。

病気によって精子や卵子を作り出せない人々がいる。自分とパートナーの両方から遺伝子を引き継いだ子どもを産みたいと願う同性カップルがいる。

そんな彼ら彼女らの願いが叶《かな》うかもしれないのだ。

無精子症の男性でも、皮膚細胞を培養して精子を作り出すことができる。また、女性の同性カップルの一方の皮膚細胞から精子を作り出すことができれば、それとパートナーの卵子によって受精卵を作ることができるはずだ。

このような比較的シンパシーを抱きやすい例を飛び超えて、このテクノロジーは、いまだかつて誰も足を踏み入れたことがない——もしかしたら、踏み入れるべきではない領域へと可能性の扉を開こうとしている。

まず、女性が自分ひとりで子どもを儲けることだってできるようになる。幹細胞から精子を作って、自分の卵子と掛け合わせて受精卵にすればいいのだ。さらには、試験管のなかで何世代も交配を進めることもできる。

AさんとBさんの精子と卵子により受精卵を作る。一方、CさんとDさんの精子と卵子で別の受精卵を作る。これらの受精卵をもとに、さらに細胞を培養して精子と卵子を分化させる。AさんとBさんの受精卵から作られた精子と、CさんとDさんの受精卵から作られた卵子を受精させよう。この受精卵には、Aさん、Bさん、Cさん、Dさんの遺伝子が入っている。

この時点で複雑だけれど、このプロセスを、たとえば8世代続けたら？　8世代の男女の出会いを試験管のなかだけで再現して、256人の遺伝子が組み込まれた子どもを儲けることだって、技術的には可能になるのだ。

そしてこの技術は、IVFに続く二度目の男女対称の好機をもたらすかもしれない。女性が生涯に作ることができる卵子の数は、男性の精子の数に比べて圧倒的に少ない。年齢的な上限も、より厳しい。40代で不妊治療をはじめる女性の多くは絶望感を抱えている。巻き戻せない時間軸を恨み、子どもを持つ人生をあきらめる。私は今、37歳。

「あなたの年齢で確実に子どもを儲けるには、自分の年齢と同じくらいの数の卵子が必要」

不妊治療クリニックの医師は、そう私に告げる。37歳の年齢。37個の卵子。それはもう気の遠くなるような工程に、私には感じられる。

もしかしたら、このテクノロジーは、そういう女性たちの希望になるのかもしれない。皮膚細胞から卵子を作ることができるならば、50代の女性にだって子どもを儲けることが技術的に可能になるからだ。生物学的な枷《かせ》を軽々と踏み越えていくのかもしれない私たちの次の世代に、羨望《せんぼう》を覚えもする。

もちろん、このテクノロジーの無制限の利用に賛成なんて決してできない。

なぜなら、これはおそろしい技術でもあるからだ。倫理的にも多くの問題をはらむ。遺伝子を調合して、デザイナーベイビーを生み出すような世界観にだってつながりかねない。あるがままの〝ギフト〟だった子どもたちは、望ましい特性を持った〝プロダクト〟になってしまうとの批判もある。

また、遺伝情報の所有権の問題もある。

たとえば、ブラッド・ピットが宿泊したホテルの部屋に、翌朝清掃に入ったら、ブラシに髪の毛が2、3本残っていたとする。その髪の毛から精子を作り出して、彼の遺伝子を持った子どもを儲けるという、まるでSFのような話がリアリティを帯びるようになってくるのだ。一晩を過ごした女性ならともかく、翌朝清掃に入った女性との間に自分の遺伝子を持った子どもが生まれるなんて、ブラピだって嫌だろう。そもそも、神の領域に踏み込んでいくような畏怖《いふ》も覚える。

新しいテクノロジーが、バラ色の未来を保証してくれるなどというつもりはさらさらない。もしかして、行きつく先はディストピアかもしれない。

だが確かなことは、人間は常に自然の領域を人為で塗り替えて、進化してきたということだ。だから、日進月歩で進歩するテクノロジーを封印するにしろ、使用するにしろ、未来の家族は新しい技術と必ず向き合わなくてはいけなくなるはずだ。

「ふつうの家族」にさようなら

親子の問題は、夫婦の問題よりも難しい。

夫婦の問題ならば、結婚までにお互いによくよく話し合って、妥協点を見出《みいだ》してねといえばいい。でも、親子の場合にはそれができない。誰のもとに、どういうかたちで生まれたいかという希望を、子どもは口にできないからだ。だから、子どもがほしいという親のエゴが、子どもの未来を歪めていると批判されやすい。

たとえば、シングルでも子どもがほしいと願う女性、責任は取りたくないけど精子提供してもいいよという若者――これは、子どもを持つことに関する大人の側の自己決定である。この自己決定が、生まれてくる子どもが持つであろう、父を知りたいという渇望と対立する。大人の都合が、自らのアイデンティティを知りたいと餓《う》える子どもを生みだす。それは確かにおかしいだろう。

でも、「子どもの幸せ」という、抽象的で反論しがたい枠組みのなかに入れてしまえば、大人たちはなんでも我慢しなきゃいけないって結論も、バランスを欠くかもしれないと私は思っている。

たとえば、シングルマザーになることに反対する人はこういう。

「父親を知らない子どもは、アイデンティティを確立するのに苦労するだろう。いじめられるかもしれない、自分はふつうとは違うと感じてしまうかもしれない。母親になりたいという気持ちだけで、子どもに苦労を強いるのは親のエゴである」

生まれてくる子どもがかわいそうといわれてしまえば、なんとも反論のしようがない。

だが、ハーバードでの体験学習の一環として、精子提供を受けて母親になった女性にインタビューしたおりに、彼女が漏らした言葉を忘れることができない。

「子どもの絵本や歌もそうだけど、世の中は『パパ』と『ママ』であふれてる。1歳になったばかりの私の息子も、その現実にすぐ気づくでしょう。〝ふつうじゃない〟って……」

そうなのだ。絵本や歌、童話におままごと、世の中は「これが〝ふつう〟だ！」というメッセージにあふれる。そして、その〝ふつう〟の範疇《はんちゅう》に入れなかった人たちは、苦しめられ、追い詰められ、社会からはじき出されるようにできている。

一人親であることそれ自体が、本当に子どもにとって不幸なのだろうか？

「父と母がそろっている〝ふつう〟の家庭が、子どもにとっては最良である」という社会の価値観が、一人親の子どもを不幸にするのかもしれないと、そのとき私は思ったのだ。

だが、考えてみてほしい。

「ふつうの家族」って一体なんだろう？

サザエさんみたいな家族なのだろうか？　あんな三世代家族は、今の日本にはなかなかいない。

ドラえもんののび太《た》の家はどうだろう？　ドラえもんは抜きにすると、父は会社員、母は専業主婦で、一人息子がいるというのはいい線いってそう。でも、東京で一軒家を持てる家族は、いまどき、ふつうではないかもしれない。

今の時代の「ふつうの家族」ってなんなんだろう？

私にはますますわからなくなる。そして、こうも思うのだ。

「ふつうであることなんて、あきらめてしまえばいい」と。

こうじゃなきゃいけないという家族像にさようならをすれば、心がどれだけ軽やかになるだろう。

第2章
結婚

親友の結婚話でヒートアップした私

『結婚しません。』（講談社・2000年）

遙洋子さんの本のタイトルである。『東大で上野千鶴子にケンカを学ぶ』（筑摩書房、2000年）で、フェミニズムの闘士になることを宣言した遙さんは、その翌年に「結婚しません」と、これ以上ないほどはっきりと表明する。彼女の闘い方はストレートだった。そして、そんな彼女に拍手喝采《かっさい》しながら、それでも世間は彼女を〝異物〟として扱った。

『負け犬の遠吠え』（講談社・2003年）

いわずと知れた酒井順子さんの本のタイトルである。真っ向勝負を挑んだ遙さんに対して、酒井さんの戦術はひねったものだった。「30代以上、未婚、子なし」を「負け犬」と定義する。その「負け犬」のなかには、著者である酒井さん自身も含まれている。だが、この本を読みながら、私たちは「負け犬」と自称する酒井さんが嫉妬《しっと》のような強い感情を決して持たずに、淡々と日々を過ごしていることに気づく。

自分自身の生活を、ユーモアをもって観察する余裕のある人が、不幸な人であろうはずがない。それでも、「私は満ち足りている」と絶叫する代わりに、酒井さんは「負け犬」と自らを卑下する。そうやって、世間からの風をよけようとしたのだ。可哀そうな存在なんですから放っておいてくださいな、とばかりに。彼女の対談のなかに「やり過ごす感覚」という言葉を見つけて、私は我が意を得たりと、したり顔でうなずく。

女がひとりで老いていくということは、不幸なことでなくてはならない。間違っても、エレガントだったり、スタイリッシュだったりではならない。

こういう世の中の流れがあって、それに抗《あらが》わずにスマートに生きたいと願う世の女性たちの多くは、遙洋子流の喧嘩《けんか》術よりも酒井順子流の処世術を好む。「世間」と闘わないほうを選ぶのだ。

世の中という大きなものを敵にまわしたが最後、その闘争に生涯を費やすことになってしまう。自分のエネルギーのすべてをそこに吸い取られ、それ以外のことができなくなるだろう。それはそれでとても意義がある生き方だと思う。けれど私は、もう少しラクチンに生きていきたい。

ゆっくり本を読んだり、長風呂《ながぶろ》をしたり、好きな買い物でもしていたい。そう思う私たちは、いつしか身のかわし方を学んでいく。とりあえずは、世間のレンズをとおして自分自身を見て、人が望むであろうことをしゃべるようになるのである。

「結婚したいです！」

人が望む姿であろうとした結果、私たちは、とりあえずそう口にすることになる。少なくとも私はそうしている。ウソではない。だが、ホントでもない。結婚に対する漠然とした憧《あこが》れはある。だが、結婚したらしたで、きっと思い描いていた理想とは違うのだろうとも思う。総合的に考えると、そこまでこだわってはいないというのが実感に近い。

しかし、「30代も後半になった独身女性は、結婚したくてたまらないに違いない」というステレオタイプが、世間には存在する。この固定観念と闘いはじめたらきりがない。「えーい、長いものには巻かれてしまえ」というわけである。

「結婚したいです！」と口にした途端に、世間は私たちに寛容になる。「鼻につく高学歴エリート女」から、ちょっとイタイけどそれなりにかわいげのある女に評価を変えることもできる。

それでも、1年に何回かは本当に腹立たしいと思うことがある。

「しょうこちゃんがね、親に結婚しなさいっていわれて大変なんだって。で、結婚相談所に登録したらしいんだけど、そこで紹介された相手が本当に気に入らないんだって。だけど、あなたのレベルでこの人を逃しちゃダメだっていわれて、何回か会ってみているらしいよ」

ミーンミンと蟬が鳴く8月の東京はやたらと暑い。

洋風建築と和風家屋が組み合わさった湯島《ゆしま》の旧岩崎《いわさき》邸のお茶屋さんで抹茶を飲みながら、大学の同級生の貴子《たかこ》が私にそういう。国際機関で働く彼女はとても忙しい。前日に偶然テレビで私を見つけたらしい彼女から、「夏休みでテレビだらだら観てたら真由《まゆ》が出てる！の衝撃にまだ慣れない笑」というLINEが届き、そうか、世間はみんな夏休みなんだとばかりに、次の日に会うことにしたのだ。

お互いの仕事の話は、いつしか同級生の噂話に移っていく。

しょうこちゃんは保険会社に勤める37歳。独身、恋人はいない。こういうふとしたときに、私は腹のなかに溜めていた怒りのマグマが、瞬間湯沸かし器並みに沸騰する。もちろん、貴子に怒っているわけではない。しょうこちゃんでもない。なにに抗議しているのか自分でもよくわからないのだけど、私は強い口調でこう切り返す。

「どうしてしょうこちゃんが結婚しないといけないの？　私たち、あれだけ一生懸命に勉強して東大を出たじゃない⁉　ひとりで生きていくのに困らないだけの収入だってあるじゃない⁉　しょうこちゃんが好きなのは新田真剣佑《あらたまっけんゆう》なんだよ⁉　あの人、面食いなんだよ⁉　結婚相談所に紹介された人なんて、気に入るわけないじゃない⁉　なんで、しょうこちゃんがそこまで自分を殺して結婚しなけりゃいけないのさ⁉　だったら、私たちなんのために勉強して手に職をつけたのよ⁉」

際限なくヒートアップする私に、貴子は少し驚いたような顔をする。そして、「そんなこといったら、しょうこちゃんすぐに喜んでデートなんて一切行かなくなっちゃうから、やめときな」と諭すように私に説く。貴子は、私がしょうこちゃんに自分を投影しているのに気づいたけれど、そこにはあえて触れないでくれたんだろうと思う。

自分の熱量に、私自身が少し引いている。そして、そこで私は「結婚しないの？」といわれることが、私自身をむしばんでいることに気づいたのである。身をかがめてやり過ごしてきたつもりでも、私は確実に傷つき続けてきたのだろう。だから、この問題も逃げずにきちんと考えてみたい。

同性の性行為は「神に背く」行為とされた

私がハーバードのロー・スクールに留学したのは2015年8月だった。それは、アメリカ連邦最高裁判所という超権威が、同性婚を認めた輝かしいオバーゲフェル判決からわずか2カ月。ロー・スクールでは、当然、それが最大のホットトピックとなっていた。

「LGBT」という言葉は、日本でも知られるようになった。レズビアン、ゲイ、バイセクシュアル、トランスジェンダーの頭文字で、性自認（自分自身の性に対する自覚）や性指向（男性・女性どちらに性的に魅《ひ》かれるかという性向）のバラエティを持った人々を指す。その多様性は、決してLとGとBとTにとどまらないので、最近では「LGBTQ＋」というらしい。「Q」には諸説あるけれど、「奇抜な」という意味のクィアの頭文字を指すとされる。クィアは〝ふつうではないもの〟を指し、様々な性自認・性指向の総称になっている。

日本でも、全国に先駆けて東京・渋谷《しぶや》区が、同性カップルについて「結婚に相当する関係」とする証明書を発行している。２０２０年7月の都知事選でも、同性パートナーシップ条例の導入などの多様性促進を掲げて闘う候補が存在した。

誤解をおそれずにいってしまえば、ＬＧＢＴＱ＋は、〝多様性〟を語るときのもっともファッショナブルなアイコンでもある。ブラッド・ピットとアンジェリーナ・ジョリーの長女シャイロが「男の子として生きたい」とカミングアウトし、両親がそれを心から応援する。これを「クールな家族」と称賛すると、あなたも多様性に寛容で〝クール〟な人々に仲間入りできるというわけ。

とはいえ、キリスト教が深く根づいたアメリカでは、ＬＧＢＴＱ＋は長らく深刻な迫害の対象だった。キリスト教は避妊も認めないし、体外受精も認めなかったし、同性同士の性的関係なんてとんでもない。自然に子どもを産みましょう、できれば、たくさん産みましょう、そうやって信者を増やしてくださいという価値観は、厳然と存在していた。

そういうキリスト教の価値観が社会を支配するアメリカにおいて、男同士の性行為は、法に触れるから罪というだけでなく、より深刻に「神に背く」から悪だとされてきた。テキサスのような保守的な州では、警察が家のなかまで踏み込んできて、性行為にふける男性同士を逮捕するなんてことも起こっていたほどだ。それは、自分たちを認識してもらうための長きにわたる闘いだったのだと思う。その成果が実を結びはじめた近年のなかでも、燦然《さんぜん》と輝くのが、2015年6月に出されたオバーゲフェル判決だった。

この判決は、同性カップルの「結婚する権利」を高らかに宣言した。最後まで同性婚を認めなかった保守的な州も、この判決を受けて同性婚を認めざるをえなくなったのだ。

さて、ハーバード・ロー・スクールでの、私の記念すべき1回目の授業は家族法の授業である。私は、おずおずと地下にある教室に入った。張り切って、30分も早く到着したので教室には誰ひとりいない。

ようやく少しずつ生徒が集まりはじめた開始時刻の5分前、エリザベス・バーソレッテ教授が姿を現す。白髪で高齢、アメリカの知的なおばあちゃんという感じの教授である(←失礼)。服装はスーツ、でも、足元はスニーカー。バーソレッテ教授は、1960年代にハーバード・ロー・スクールに入学した数少ない女性のひとりだった。同じ学年で勉学にいそしんでいた当時の夫に自らの成績を明かすことができなかったと、彼女は語る。

「女の私のほうがいい成績だなんて、そんなことが許される雰囲気じゃなかったのよ」

教授は当時を振り返りながら笑う。その後、離婚したバーソレッテ教授は、ペルーからひとりの養子を迎える。その過程で、様々な問題意識を持つにいたる。そして、生みの親よりも育ての親という考えのもと、養子縁組を推進する活動に身を投じるようになったのである。

バーソレッテ教授の論文はとても読みやすい。法学部の教授の論文は、凝った洒脱《しゃだつ》な表現が多く、英語を母国語としない私はそれに難儀する。だから、バーソレッテ教授の平易な文章はありがたく感じる。バーソレッテ教授は、研究者であるよりも前に養子縁組を推し進める活動家だった。そんな彼女にとっては、少数のエリートに評価される文章よりも、大衆に訴えかけることのほうが重要だったのだろう。

そして、この家族法の授業で最初に学んだのが、オバーゲフェル判決だった。

この連邦最高裁判決は、同性カップルの「結婚する権利」をアメリカ全土において高らかに宣言した。最後まで同性婚を認めなかった保守的な州も、この判決を受けて同性婚を認めざるを得なくなったのだ。

アメリカの連邦最高裁の判決は、それだけの権威がある。連邦最高裁というのは法律を学ぶ者でなくても、一種の畏敬の念を抱く特別な場所である。パルテノン神殿を模したといわれるその外観、聖職者とよく似ているといわれる判事のガウン姿……。

憲法のノア・フェルドマン教授は、連邦最高裁の判決を神聖な儀式にたとえた。ずらりと並ぶ9人の判事は、神の言葉を伝える神官である。人々の訴えを受けた彼らはいったん奥に引っ込む。そこで神からのご託宣を受ける。そして、神からの預言としての判決を授けるために、再び大衆の前に姿を現すのである、と。同性婚を禁止するのも神ならば、それを許すのもまた神に似た神聖な存在でなくてはならない。

民主主義国においては、政策は多数決で決まっていく。けれども、マジョリティがマイノリティからなにもかもを奪いつくしてしまうことは許されない。だから、マイノリティの人間としての尊厳は、議会ではなくて裁判所が守り抜くことになる。少数者にも侵すべからざる一線を守るという意味で、連邦最高裁は毅然《きぜん》とそこに存在していた。

ところで、アメリカの連邦最高裁には9人の判事がいる。

そのうち5人以上の過半数が賛同すれば原告の主張が認められる。争いが少ないトピックでは、9人全員が一致することがある。が、同性婚のような社会を二分する問題では法廷が乱れる。ときには文字どおり大喧嘩して、怒号が飛び交い、判事同士の仲が決裂することもあるらしい。オバーゲフェル判決の場合には、賛成5人に対して反対4人で、からくも認められたといったところだった。

連邦最高裁判事の任命権を持つのは合衆国の大統領である。

大統領は、自分の考えに近い判事を任命する。結果、共和党の大統領は保守的な判事を任命し、民主党の大統領はリベラルな判事を任命する。そして、保守的な判事は、同性婚を認めないという現状維持を好む。一方のリベラルな判事は、同性婚を認めて社会を積極的に改革していこうとする。どちらにしろ、ハーバードやイェールといった一流ロー・スクールを超優秀な成績で卒業した、アメリカの法曹界を代表するエリートがずらりと並ぶ。

アメリカの最高裁判事はちょっとしたスターである。

日本の最高裁判事全員の名前をいえる法学部の学生はめずらしいだろう。恥ずかしながら、私も無理。逆に、アメリカの最高裁判事の名前を全員いえない学生は、ロー・スクールではめずらしい。私だって、全員いえる。通りを歩くおじちゃんやおばちゃんをつかまえて街頭インタビューをしたって、必ず最高裁判事のひとりくらいは名前を挙げることができるだろう。彼ら、彼女らは、それくらいのセレブリティなのである。

ときどき、ロー・スクールに講演に来ようものなら、その姿を一目見ようと会場はあふれかえり、立ち見が出て、隣の部屋までパイプ椅子を並べて中継でつなぎ、それでもあぶれる学生がいるくらいだ。普段、ランチがつかないセミナーには絶対行かない私も、このときばかりは昼食を抜いても聞きにいったものだった。

同性婚を認めた感動的な判決

オバーゲフェル判決の当時、民主党の大統領に任命されたリベラル判事が4人いた。男女平等に生涯をささげる女性判事、ルース・ベイダー・ギンズバーグもそのひとりである。最近では映画にもなるほどの大衆人気が高い人物だ。バーソレッテ教授よりも早い1950年代にハーバード・ロー・スクールに入学した彼女は、500人超の学生のうち女性が9人という状況のなかで生き抜いた。

当時のロー・スクールの学長は、女子学生とその家族全員をディナーに招いて「どうして君たちは、男の場所を奪ってまでハーバード・ロー・スクールに入学したんだい?」と尋ねたという。そんな環境でも、ギンズバーグはトップの成績をとって際立った優秀さを示したとされるから驚きである。

しかし、ロー・スクールを出たあとに彼女を雇う法律事務所はどこにもなかった。結局、大学にポストを得た彼女は、そこから弁護士として男女の不平等を解消する闘いに身を投じていく。男女を均等に扱わない法律をひとつずつターゲットにして、裁判に持ち込んで個別撃破していった。癌を経験してもなお、最高裁判事としての務めを放棄しない小柄な女性の凛《りん》とした姿は、フェミニストのアイコンとなった。2020年9月、彼女は惜しまれながらその生涯を閉じる。このときには、法曹界のみならず全米が追悼の意を表した。大きなニュースになったし、追悼集会も多数開かれたほどだった。

逆サイドの、共和党に任命された保守派の判事も5人存在した。

連邦最高裁長官のジョン・ロバーツ、保守の大論客アントニン・スカリア、史上ふたり目の黒人判事クラレンス・トーマスと、イタリア系のサミュエル・アリート……。

黒人判事のトーマスにとって、差別をなくすために黒人を優遇するというアファーマティブアクションは、自身の人生をむしばんできた元凶だった。どれほど努力を重ねようとも、「あいつは黒人だから下駄をはかせてもらっている」という陰口がつきまとう。人種ではなく、自分という個人を見てほしい、認めてほしい。そんな思いを抱いていた青年にとって、差別を是正するための積極的な措置は偽善であり、長じて彼は、とにかく、個人を放っておいてあげることこそ最善だと考えるにいたった。

それぞれの判事は、その人生を通じて自分の考え方を確立している。同じ事件であっても、人生経験が違えば、捉《とら》え方だって異なる。ただし、ときには任期中に考えを改める人もいる。共和党に任命されながら、その後、少しずつ左に寄っていったのが、アンソニー・ケネディである。特に、LGBTQ＋に対してはシンパシーを抱いているようだった。それぞれの最高裁判事には、有名ロー・スクールを卒業したとびっきり優秀な調査官がついている。彼らは過去の判例を調べ、場合によっては判決文を下書きする。ケネディ判事の調査官のひとりがゲイの青年で、その青年に連れられてゲイ・コミュニティについて見聞きするうちに、深く共感するようになったともいわれる。

オバーゲフェル判決の出た当時のアメリカでは、リベラルとされる判事が4人、保守に属する判事4人と拮抗《きっこう》しており、ケネディがキャスティング・ボートを握っていた。

彼を取り込みたいリベラルサイドは、判決文を書く権利をケネディに譲った。最高裁判事にとって最大の名誉は、後世に残る重要な事件で判決文を書くことだ。その判決文は、国の法の在り方を決定づけるのみならず、自分が死してなお世に残り、多くの判事に引用されて、ロー・スクールの学生に参照される。オバーゲフェル判決で判決文を書く権利というのは、最高裁判事にとって最大の栄誉だった。

判決の冒頭でケネディは、まず「結婚」を称《たた》える。

「その始まりから直近にいたるまでの人類の歴史の年代記は、婚姻の超越した重要性を示す。男性と女性の生涯続く結びつきは、人生がいかなる状態にあろうとも、すべての者に高潔と尊厳を約束する。結婚は、敬虔《けいけん》な者にとって神聖な意味を持つのみならず、世俗の世界に意義を見出《みいだ》す者にも他に代えがたい達成感を与える。結婚という結びつきはふたりの人間をそれ以上のものにする。それゆえに、ひとりでは見つけられなかった人生をふたりで発見することができる。人間にとってもっとも根源的に必要なものであるがゆえに、結婚というのは我々のもっとも深遠な希望や願望にとって不可欠のものである」

ケネディの書いた判決文では、その隅から隅まで、結婚という「永遠に続く絆《きずな》」がいかに特別で、いかに神聖なものであるかが余すところなく語られている。古い時代の価値観を引用しつつ、結婚を社会秩序の中心に位置づけたのである。

結婚とは「お互いを助け合う約束であるのみならず、このカップルを助けるという社会の誓約であり、この結びつきを守り、育てるために、社会は結婚に象徴的な意義と実質的な利益を与える」と。

同性婚を願う原告たちの物語

こういった社会をふたつに分けるテーマの場合には、原告の持っているストーリーの力がカギを握る。

アメリカの弁護士の訴訟戦略として、人々が共感を抱くに足る模範的な人物を原告団として選ぶと聞いたことがある。この判決の名前になったオバーゲフェルさんは、まさにうってつけの人物だった。

ジョン・アーサーとジェイムズ・オバーゲフェルは、10年以上前に出会い、それからずっと関係を継続している。しかし、永遠に続くと思われていた関係に、突然、暗雲が垂れこめる。はじめは些細《ささい》なことだった。アーサーが段差のないところでよろめいて転んだのだ。疲れていたのかもしれない。そのときはさほど気にしなかった。しかし、アーサーの異常は日増しに無視できないレベルになっていく。

そして、ついにアーサーに診断がくだる。

筋萎縮《いしゅく》性側索硬化症——ALSと呼ばれる病は、全身の筋肉が衰えていくことで知られる。命の灯火《ともしび》が尽きようとするとき、彼が最後に求めたものは結婚だった。

しかし、彼らが住んでいたオハイオ州においては、同性婚は認められていなかった。オバーゲフェルは、病気が進行してもはや自力では動くことができないアーサーをベッドに寝かせたまま、ヘリコプターに乗り込む。そしてカップルは、メリーランド州の上空までヘリコプターで飛んで行って、そこで結婚式を挙げたのだった。複数のチューブにつながれながらも、アーサーは満ち足りた顔でオバーゲフェルとの写真におさまっている。

ところが、である。

アーサーの死後に、彼の結婚相手として死亡証明書に記載されるというオバーゲフェルの願いを、オハイオ州は強く拒絶した。死してなお、アーサーの切望は冷笑でかわされる。ともに過ごした10年以上の日々の証《あかし》を求めて、先に逝ったアーサーの意思を受け継いだオバーゲフェルは、同性婚を認めさせるための闘いの最前線に身を投じていく。

ふたりの写真で埋め尽くされたアパートの一室でインタビューに応じるオバーゲフェルの静謐《せいひつ》な横顔は、アメリカのどんな弁護士よりも雄弁に、私たちに訴えかける。人の心を動かすのはロジックではなく、ストーリーなのだろう。

この物語に突き動かされたように、ケネディ判事はふたりの結びつきを法の下に保護すると、高らかに宣言して判決を結ぶ。

「結婚よりも崇高な人間同士の結びつきなど存在しない。なぜなら、結婚はもっとも高次の愛、忠誠、献身、犠牲、家族を体現するのだから。結婚によって、ふたりの個人は彼ら自体よりも大きな存在となる。原告の何人かがその身をもって証明するとおり、結婚とは、死を超えてなお続く愛を表す。彼ら彼女らの訴えによって、結婚という概念の価値が下がるというのは誤解であろう。彼らは結婚の価値を信奉している。その価値を深く信じるあまり、自分たちでもそれを実践することを求めたのである。文明のもっとも古い制度から除外されて、孤独のなかに生きることを運命づけられない――それが彼らの望みである。法の名の下に、等しく人間としての尊厳を求める彼らを前にして、憲法は彼らに結婚する権利を保証している」

同性婚に反対した判事たち

高らかに同性婚を宣言するケネディの崇高な判決文に異を唱えるのは、血も涙もない人たちなのだろうか？

保守派に属する４人の判事は、それぞれに反対の意見を述べる。

反対する判事たちは、判決文の美しい世界観は、あくまで感情であって論理ではないと批判する。

確かに、法廷意見は緻密《ちみつ》な論理を展開してはいない。結婚がいかに崇高なものかを強調するのみである。法はこうなっているという客観ではなく、社会はこうあるべきという個人の主観による判断――それは裁判官の役割ではない。みんなが参加して、広く議論するという民主主義のプロセスによって、社会は変っていくべきなのだ。狭い世界しか知らないエリート裁判官の独善が社会を大きく動かすなんて、あってはならないと反対意見は強調する。

さらに、反対意見は、この判決によっても同性婚は真に社会に受容されたとはいえないとくぎを刺す。

いや、むしろこの判決は同性婚が真に社会に受け入れられる機会を奪ってしまった。同性婚について話しましょう、あなたの隣の人を説得しましょう、そうして、はじめて同性婚は真に社会のなかに受け入れられるはずだった。しかし、この判決によってそのプロセスは皮肉にも絶たれてしまったと嘆くのだ。

あなたの隣人は、あなたと話し合い、納得して、自分の意見を変えたわけではない。上から押しつけられたのだ。消化不良の思いが残るだろう。口にできない漠然とした不満は、心の深いところに澱《おり》のように沈殿する。そして、それが差別意識を醸成していくかもしれない。だから、いかに崇高であろうとも、自分の正義を国民に押しつけてはならない。

神ならぬ自分たちが、その独善を強要するという傲慢《ごうまん》は、民主主義においては決して許されない。これが〝権威〟を嫌うアメリカの社会で、保守派の裁判官の矜持《きょうじ》になっている。

ジャネット・ハリーというロック・スター

同性婚に賛成する人にも、反対する人にも、それぞれの理由がある。オバーゲフェルさんの思いに鑑みれば、同性婚をぜひ認めてあげたいという気もしてくる。

ハーバード・ロー・スクールの学生たちの多くは、オバーゲフェル判決を称賛した。

だが、マジョリティに乗れない人だっている。私の友人のケビンは、敬虔なキリスト教徒で、その教えに従って同性婚に反対していた。彼が授業で、「同性愛者が差別を受けているというけれど、すべての人がすべての人を差別している。同性婚を認める判決は、僕らのキリスト教への信仰心を尊重してくれていないようにも見える」と口にした。途端に、教室は蜂の巣をつついたような騒ぎになった。授業が終わったあとに、LGBTQ＋のサークルの人たちがケビンの席を取り囲んで、彼に詰め寄っている。

私自身は、彼のような信仰心がない。ただ、キリスト教の教えに反することを見ることや聞くことが、彼にとっては苦痛になると聞いていた。だから、〝多様〟というなら、自分と違う意見をとりあえず聞いてみてもいいのではないかとは思った。けれど、彼を取り巻く集団の圧たるやすさまじく、ある意味、〝つるし上げ〟にあっている友人を見て見ぬふりをしてしまった。

ところで、同性婚を認める判決に反対したのは、実はキリスト教徒や、保守的な人々だけではない。むしろ、最先端の主張でLGBTQ＋から支持を受けてきたジャネット・ハリー教授も、そのひとりだった。

ハリー教授は少しクレイジーなところもあるのだけど、学生にとってはクールで温かい人だった。私がハーバードで取った授業のなかで、ハリー教授の授業が一番面白かった。ただし、文学にも造詣《ぞうけい》が深いハリー教授の凝りに凝った文章は、バーソレッテ教授とは対照的にとても難解に感じてしまったのだけど……。そんな彼女は、「フェミニスト」と名乗りながら、「フェミニスト」を批判する稀有《けう》な存在でもある。

ハリー教授がスタンフォードからハーバードに移ったとき、担当スタッフがうかつにもこのフェミニストを前にして失言を吐いた。

「女性教授の場合には……」

この言葉が、ハリー教授の逆鱗《げきりん》に触れる。

「どういう根拠で、私が〝女性〟だって断言できるの？　そもそも〝女性〟の定義ってなに？　ふむ、肉体的な特徴？　あなたは私の裸を見たわけ？」

かわいそうな担当スタッフは、赤面してうつむいてしまったという。

この話を、クラスで私たち学生に語った後、ハリー教授はいたずらっぽく笑った。

「〝女性〟と〝男性〟の正確な区別は、かつてよりもずっと難しくなったの。生殖器や染色体といった客観的な事実だって絶対ではない。さらに、自分自身の認識という個人の主観もひとつの要素となる。〝女性〟〝男性〟というふたつだけの区分を当然の前提としているなんて、錆《さび》が浮きそうなくらい古臭い価値観よ。右か左かだけではない。その中間とか、真ん中よりも斜め前とか、答えにはもっとバラエティがあっていいでしょう？　男と女はいまやふたつの極ではない。グラデーションなんだから」

ハリー教授のエッジの利いた発言は、進歩的であることを好むロー・スクールの学生から支持を集めていた。それこそ、熱烈な信奉者すらいる。授業中、学生たちは様々な意見をいい、授業後にも教授を取り囲んでの議論が絶えなかった。

私はといえば、クラスで手を挙げて質問できるはずもなく、いつも下を向いて口をつぐんでいた。英語がうまく話せない私は、アメリカという異国で自分が自分でなくなったかのように感じ、すっかり自信を失っていたのだった。

ハリー教授の「オフィス・アワー」

そんな私が、意を決してハリー教授のオフィス・アワーに訪れることにしたのは、勇気というよりは蛮勇に近かったように思う。

ハーバード・ロー・スクールでも、それぞれの教授が1週間に数時間「オフィス・アワー」という時間を定めて公表している。この時間、教授はオフィスにいて、訪ねてきた学生の質問に答えなければならない。

教授と1対1で話し合える場は、貴重な機会かつ緊張の機会でもある。価値あるディスカッションは大歓迎の教授も、準備をしていない学生にはとても手厳しいからだ。忙しい彼女らにとって、無駄にする時間は1分もないのだろう。

アメリカ人の学生たちは、直接、教授にメールをするそうだ。小心者の私は、教授の秘書にメールしてアポイントメントを取った。約束の時間は水曜日の朝8時だった。気合を入れて早起きをした私は、それでも少し遅れそうになって教授のオフィスへ急いだ。古いビルなので、エレベータの速度がとても遅い。イライラしながら4階にたどりつき、教授のオフィスに続くユニットのガラス扉を開けようとした。

むっ……開かない！

押せども引けどもドアは開かないのである。うーん……困った。朝早いので秘書さんはまだオフィスにきていない。仕方ないので、私はいったん図書館に退避して、教授がオフィスにいらっしゃらなかったことを、秘書さんにメールした。

「ジャネットは朝の会議から抜けられなかったんですって。とっても残念だっていってたわ。代わりのオフィス・アワーとして、この時間はいかが？」と、秘書さんから返事がきた。

オフィス・アワーの予約をすっぽかされることは、めずらしくはない。ハーバードの教授はとても忙しく、会うだけで一苦労なのだ。さて、気を取り直して新たに設定されたオフィス・アワー。時間の10分前に到着すると、オフィスの扉が少し開いており、今度はハリー教授がちゃんと座っている。ただ、私の前の学生が話し込んでしまって、なかなか終わらない。オフィスの外の廊下で、ドアに耳をつけてヤキモキする。とはいっても5分の遅れでスタートできたのだから順調というべきか。

よく日の当たるオフィスは広々としている。乱雑に書類が積まれた教授の机。その前に学生が何人も座れそうな大きな丸テーブル。その丸テーブルの奥の席にハリー教授が座っており、扉に近い席に私は腰を下ろす。時間はすでに押している。教授は目の前にいる。緊張しながらも、私は「先週、メールした件ですが……」と切り出した。これは、大きなミスだった。

英語で話すことにまったくもって自信が持てなかった私は、オフィス・アワーの時間を予約した直後、ハリー教授あてにオフィス・アワーで質問したい事項をメールで書き送っていた。「私はこう解釈しますが、教授はどう思われますか？」という内容を、考えに考えて文章にしたためていたのである。送信した直後に、スマートフォンが震えた。あれっ？　もうっ返事がきたの？

「いいんじゃないかと思うわ、J」

Jって誰？　ああ、ジャネット・ハリーの頭文字か。

アメリカ人の返信は概ね短い。それにしても、ハリー教授からの返信はとても短い。そっけないメールだ。だが、私は安堵《あんど》した。ハリー教授にはじめてメールしてみた。どうやら教授は私のメールを読んでくれ理解してくれたのだ。

よかった。複雑なことを考える私の脳みそ。それに全然ついてこられない私の口。拙い英語が相手をポカンとさせる。そんなこれまでの幾多のつらい思い。教授が読んでくれてるなら、あれを味わわなくて済む。だから、このメールを護符のごとくプリントアウトして、私はこのオフィス・アワーに挑んだのだ。メールの文面に目を落としながら「先週、メールした件ですが……」と、私は話し始める。

むむっ……。反応が薄い。

不安になって目を上げた私は、ハリー教授が「は?」という顔をしていることに気づく。一気にその場の酸素が薄くなったように思える。忙しいハーバードの教授は、学生のメールを丁寧に読んでもいなければ、覚えてもいない。だから私は、メールで既に書き送ったことも含めて、いちから話しはじめなければならなかった。

それなのに私は、課題論文に関する私の解釈を、ハリー教授がご存知の前提で、用意していた質問を開始した。教授は、私がとんちんかんなことをいってると考えている。なんの準備もせずにオフィス・アワーに挑んだ不真面目な学生だと思っている。そういう学生に対しては、教授はとても手厳しい。

私の質問におざなりに答えた後、ハリー教授は手元に銀に鈍く光る時計をのぞき込む。

「もうひとつ、質問をしていいですか？」

勇気を出して食い下がる私に、

「いいけど、5分しかないわよ」

目線を上げずにそっけなく返事したハリー教授の頭は、もう別のことに飛んでいるように見える。

「うそ……」と、私は心のなかで力なくつぶやく。

私のオフィス・アワーは30分の予約で、その時点ではまだ5分しか経っていなかった。前の学生が食い込んだ時間を考慮に入れても、残り5分ということはさすがにないだろう。

「この人は、私に早く帰ってほしいと思っている」

そう気づいた私は、頭のなかが真っ白になる。

パニック寸前というよりは、パニックの真っただ中である。口のなかがからからに渇いている。そして、悔しくて悔しくてたまらなかった。私は準備しなかったわけではない。むしろ、何時間もかけて課題論文を読み、何時間もかけて解釈をして、さらに何時間もかけて教授にメールを書いたのだ。有意義な議論をしようと、拙いなりに一生懸命だったのである。

ここで引き下がるわけには絶対にいかない。

ブラック・フェミニズムについての考察

「私、矛盾していると思うんです」

いきなり強い言葉を出してしまった。だが、あとには引けない。「こう言おう」とあらかじめ用意しておいた発言メモを脇によける。そこから私は、授業の課題となっているパトリシア・ウィリアムズという黒人女性教授による文章について、自分なりの考えをとにかく話すことにした。

パトリシア・ウィリアムズは、1970年代にハーバード・ロー・スクールを卒業して、コロンビア・ロー・スクールの教授となった。アカデミアの世界に黒人女性が非常に少ない時代に、その道を切り拓《ひら》いたひとりである。それまで、白人女性に占有されていたジェンダーに関する学問の領域に黒人女性の視点を導入した。その意味では、ハリー教授は、彼女をブラック・フェミニズムの先駆者のひとりと位置づける。彼女は、黒人全体の連帯を説く。しかし、それは同時に黒人と白人を区別し、対立させる発想でもあった。

「私、パトリシア・ウィリアムズは矛盾していると思うんです」

もう一度ゆっくりと繰り返す。もはや引き返すことはできない。よし、前進あるのみっ。

「1970年代のハーバード・ロー・スクールには、女性がまだ少なかった。黒人も少なかった。黒人女性なんてほとんどいなかったんです。だから彼女は、ハーバード・ロー・スクールという全米でもっとも権威ある大学院を卒業した当時の数少ない黒人女性のひとりです。そして、その栄えある称号を手にした彼女は、ロー・スクールの教授として白人社会のなかに生きることになりました。友人も同僚もみな白人です。ハリー先生は、パトリシア・ウィリアムズの文章は、ロー・スクールの教授としてはあり得ないくらい主観的だと授業で仰《おっしゃ》いました。実際、これは論文というよりも、むしろエッセイ。自分の経験ばかりをこんなにつらつらと書いて、法学の論文なんて他の人ではあり得ないと思います。それが許されるのは、彼女の歩んだ人生――すなわち、彼女の主観それ自体が、まさにブラック・フェミニズムを体現しているからでしょう。ですが、彼女のその主観は歪《ゆが》んでいるように思います。彼女の存在それ自体の矛盾と葛藤《かっとう》がそこに表れているのです」

フェミニズムの権威に、なにいっちゃってるの、私？

不安に慄《おのの》きながら、私は軽く目を上げる。その視線の先で、ハリー教授の目が興味深げに光る。いける！　彼女は、私の話に興味を持ちはじめている。勢いを殺さないように、私は結論までいっきに話し続けることにする。

「パトリシア・ウィリアムズは、その論文のなかで、友人である白人の男性医師から聞いた、中絶のためにクリニックに訪れた15歳の黒人の少女のことを語ります。そのときに彼女は、黒人少女の目線に寄り添い、白人医師を敵視する。でも、これっておかしくはありませんか？　実社会では白人医師が彼女の友人で、黒人少女は彼女にとって見知らぬ他人なわけですから」

私は続ける。

「ヒントは彼女の母親にあると思うんです。母親は、幼少期から特別に聡明だった少女パトリシアに望みを託しました。自分が決してできなかったこと。黒人社会の軛《くびき》から放たれて、その先へとより大きな可能性を求めて羽ばたくこと。そう、白人が支配的とされた社会へ飛び立っていってほしいと母は娘に強力な翼を授けたのです」

「ハーバード・ロー・スクールに入学するパトリシアに、母はこう諭します。『大丈夫。ミラー家は弁護士一族だった。あなたにはその血が流れているのよ』。ミラー家というのは、パトリシアの祖先の黒人奴隷少女を強姦《ごうかん》して妊娠させた白人の主人の一族です。卑劣といわれてもおかしくないそのミラー家の血を強調してまでパトリシアを励ます母は、黒人としてのアイデンティティから彼女を解き放とうとしていたのではないかと思います」
「あなたに流れている白人の血を恥じることはない。むしろ、誇りを持って！　あなたは、これから白人だけに許されていた世界に飛び込んでいく人なんだから、と。これは、ハーバード・ロー・スクールに進学する特別に賢い娘に、彼女の前に存在した黒人女性たちが決して突破できなかった壁を超えてほしいという母の切なる願いにも思えます」

「だけど、パトリシアは惑っていた」

一呼吸置いて、私は少し小さな声でそういう。ハリー教授の目が大きく見開かれる。彼女、私の話を聞いてる!!
「パトリシア自身が、彼女の文章のなかで自分を『迷える子羊』と表現しています。黒人社会から切り離されたパトリシアは、白人社会にも完全には受け入れられなかった。ロー・スクールでは、ときとして、まるでそこに存在しないかのように扱われたとパトリシア自身が述懐しています。白人の同僚に囲まれながら、黒人を背負わされる彼女の葛藤が、見知らぬ黒人少女の視点をより身近に感じ、友人である白人医師を敵視するという彼女の矛盾を生む」

「彼女は引き裂かれていた。黒人社会においては白人の世界に入っていった人として扱われ、白人社会からも異邦人と扱われる。だから、パトリシアは『ブラック・コミュニティ』を夢想したんだと思います。祖先から連綿と続く集合体としての黒人たち、その大きな集合体の一部に自分を位置づけるとき、外界の荒波をさまよい続けたパトリシアの魂は、はじめて安心できる波止場につなぎとめられた。黒人の階級上昇の先駆けとして白人社会のなかに送りこまれたこと――そんな彼女は、期待された黒人と白人の融和の架橋にはならなかった。黒人全体の連帯と黒人と白人の厳しい対立という真逆の発想を持つようになるのです」

フェミニズムの権威に、ちょっとしゃべり過ぎじゃないの、私？

オフィスがしんと静まりかえる。途端に私は不安になる。この沈黙に圧迫されそうで、息が苦しくなる。一呼吸置いたハリー教授は「ビューティフル」とつぶやいた。

え？　今、なんていったの？

途端に、緊張の糸が切れて、涙がこぼれそうになる。

その瞬間を私は今でも忘れることができない。じわっと温かいものが私のなかに広がっていく。私はやった。小さいけれども、挑戦し、そしてなにかを手に入れたのだ。それは絶望に次ぐ絶望で、完全に自分という人間を失っていた私が、少しだけ自分を取り戻したように思った瞬間だった。

おそらくハリー教授は、私の解釈が正しいと思ったわけではないだろう。私の稚拙な表現と発音をもって、私の意図が彼女に十分に伝わっていたのか、今となっては定かではない。

だが彼女は、私の熱量を買ったのだ。

この子は、パトリシア・ウィリアムズの書いたものを夢中で読み、そして、情熱を持ってなにかを伝えようとしている。真剣に考えたうえでもっと学びたい、もっと吸収したいと思って私の前に座っている。だから、この子に手を差し伸べてあげよう。ハリー教授は自分の最新の論文のドラフトをプリントアウトしてくれた。読むべき文献を教えてくれた。

自分から求めなくてはいけないんだ。そうすれば、すべての扉が開かれるんだ。それが分かった瞬間だった。

それから私は、何度もハリー教授のオフィスを訪れることになった。

ときどき彼女は、愛犬の2匹のゴールデン・レトリバーをオフィスに連れてきていた。やんちゃなレトリバーによって、私のストッキングが伝線したこともある。さらに彼女は、ひとりで暮らすおしゃれなマンションにも私たちを招いてくれた。モダンアートがたくさん並ぶ室内には、20人は優に座れる巨大な丸テーブルがある。カウンター・キッチンにケータリングのごはんとワインが並ぶ。グラスを片手におのおのが思い思いにフェミニズムについて語った時間は、今でも私の心を温かくする。

聖なる結婚、特別なステイタス

そして、このジャネット・ハリー教授は、同性婚を高らかに承認するオバーゲフェル判決に反対するひとりだった。敬虔なキリスト教徒でも、保守派の判事でもなく、もっとも進歩的といわれた彼女が、である。

「結婚よりも崇高な人間同士の結びつきなど存在しない。なぜなら、結婚はもっとも高次の愛、忠誠、献身、犠牲、家族を体現するのだから。結婚によって、ふたりの個人は彼ら自体よりも大きな存在となる」

オバーゲフェル判決の感動的な核心である。だが、この中心部分こそを、ハリー教授は嫌った。彼女はこういう。

「いい？ 1＋1＝2ではなくて、それ以上のものになるのが結婚だと、オバーゲフェル判決は説く。結婚は特別だ。結婚は神聖だ。結婚によってあなたはあなた以上の存在になる。こんなの錆が浮きそうなくらい古臭い価値観よ。私たちは長年こういう考え方と闘ってきた。ようやく私たちの立場も広まりつつあった。そこで、また亡霊のように結婚賛美がよみがえってくる」。

さて、私たちは結婚にどんなイメージを持っているだろう？

純白のウェディングドレスに身を包んだ花嫁が、父に付き添われて、バージンロードをしずしずと歩いてくる。最前列に待つ新郎のもとで、父は新郎に新婦を託す。そのうえで、新郎と新婦はふたり並んで神父を前にして誓いを立てるのだ。

「これからあと、幸いなときも災いのときも、豊かなときも貧しきときも、病めるときも健康なときも、あなたを愛しあなたに仕え、死が我々を分かつまで生涯を送ります」

キリスト教徒でなくとも、結婚式にはなんらかの神秘性を見出す。結婚とは、「相手を幸せにする」という互いの約束である。それと同時に、神に対する誓いでもある。特定の信仰を持たない人でも、神聖な存在を前に「永遠の愛」を誓う。これは結婚を通じてお互いに幸せを実現するという誓約になる。

もちろん、そんな幸福なイメージを持つ人だけではない。

結婚を「絶え間ない忍耐と妥協」と表現する人だっているだろう。結婚という逃げ場のない関係にふたりで取り組むことで、人間的に成長するという見方もある。ひとりとひとりが「結婚」というかたちで結びつくときに、彼らは個人を合わせた以上の力になる。互いの思考、互いの意見、互いの感情——主観は常に衝突する。だが、「結婚」という特別な関係を維持するなかで、衝突を避けて相手と自分の主観を並び立たせる方法を模索する。そこで、人は人間として成長するのだ。

結婚に幸福を託す人、結婚に忍耐を見出す人——どちらにも共通するのは、結婚に別格な地位を与えていること。

単なる恋愛関係ならば、単なる友人関係ならば、そこまで固執せずに、あきらめてしまえばいい。「結婚＝そう簡単に終わらせてはならないもの」という考えは、「永遠に続くもの」と互いに約束し、世間を前にそう誓約することで生じる。

どういう視点から捉えても、結婚が特別だという価値観は揺らがない。

結婚の価値はなにかと問われれば、おそらく、長期にわたる安定した関係である。すべての結婚が永遠に続くわけではは、もちろんない。短命に終わる結婚もあるだろう。だが、多くの場合、恋愛と比べて、より永続的であることが「結婚」に社会的な意義を与える。

より安定した関係であるがゆえに、「結婚」したカップルをひとつのユニットとして、これを基準に「家族」を把握するようになる。結婚という単位で、所得を把握し、税金を課して、給付金も与える。こうして結婚は、社会秩序の基盤に組み入れられる。会社、学校、地域——様々な「世界」を構成するための最小単位となっていく。

こうやって「結婚」には、社会のなかで別格のステイタスが与えらえる。逆に、結婚していない者は、親戚《しんせき》、会社や地域の隅っこにしか居場所を与えられない。そういう感覚に襲われる。

要は、ニワトリとタマゴである。

結婚は特別だ↓長く維持すべきだ↓それなりに多くの場合、長く維持される↓結婚が社会のなかで特別な関係になる↓結婚は特別という考えが補強される。

この無限ループ。それが結婚。いってしまえば、社会が集団幻想として特別の意義を見出し、それゆえに別格のステイタスになっちゃった。それが、結婚。

権利と義務の束としての結婚

そして、こういう「結婚観」こそが、ジャネット・ハリー教授が〝敵〟と見なしたものだった。

「ねえ、なにが結婚をそこまで特別なものにするの?」というのが、彼女の出発点である。「結婚ってなに?」と聞かれても、ハリー教授は「純白のドレス」とも、「幸福の象徴」とも、「永遠の愛の誓い」ともいわない。より具体的に、より詳細に。彼女はこう語る。

「結婚っていうのは、お互いのお互いに対する約束よ。神様なんて関係ないの。相手に約束しているだけ。あなたは家を借りるでしょ? あなたは物を買うでしょ? 家を貸してください、家を貸しますという約束。物を売ってください、物を売りますという約束。そういう契約に、神聖な意味なんてある? 結婚も、契約の一種。家を借ります、物を買いますの延長線上にあるのよ。あなたと一緒に暮らします、家計にお金を入れます、性的には排他的な関係を維持します……。家を借ります、物を買いますに比べて、約束する内容は膨大よ。でも、基本的には同じこと。結婚というのはね、相手を縛る権利と相手に縛られる義務。その集積なのよ。それ以上でも、それ以下でもないの」

さらに、ハリー教授は続ける。

「結婚はね、お互いに対する権利と義務の束であると同時に、それに伴う無数の特典の集合体でもあるの。たとえば、結婚すれば配偶者控除を受けられる。相手の年金を受け取ることができる。相続税の優遇もある。そういう公的なものだけではなくて、相手のカードの家族会員になれる。会社の福利厚生の対象にもなるでしょう。結婚っていうのはそういうものよ。相手に対する権利と義務の束と、それに伴う無数の制度的なベネフィット、それを一緒くたにまとめた巨大なパッケージ――それが結婚」

「特別なものでも、聖なるものでもない。単に、ほかに類がないほど膨大な約束リストであり、ほかに見ないほど多種多様な特典リストでもある。だけど、一つひとつ書き下していけば、家を借りるとか、物を買うとか、そういう他の約束の延長線上にあるのは確かよ」

神聖な誓いじゃない。あなたをあなた以上の人間にするものでもない。

結婚というのは、お互いに対する約束なのだ。

その約束の内容も、「永遠の愛」なんて抽象的なものじゃない。配偶者控除、年金、相続税、カード会員、福利厚生、云々《うんぬん》かんぬん……。それは、ロマンチックでもなんでもなく、日々の生活の蓄積がそこにあるだけ。

これが、フェミニストの長年の闘いだった。

美しくラッピングされた結婚から、高級そうな包装紙をひとつずつひっぺがす。むきだしの中身には生活感が漂う。こうやってフェミニストたちは、結婚を天の国から地上の国へと引きずり降ろそうとしてきた。

結婚を特別視する考えを相手に、フェミニストの長きにわたる闘争が、ようやく実を結びはじめたその矢先、そこで出たのがオバーゲフェル判決だったのだ。

「結婚よりも崇高な人間同士の結びつきなど存在しない。なぜなら、結婚はもっとも高次の愛、忠誠、献身、犠牲、家族を体現するのだから。結婚によって、ふたりの個人は彼ら自体よりも大きな存在となる」。

神官さながらの厳粛さをもって、ケネディ判事は誇り高く宣言する。そうすることで、世俗に引きずり降ろされたはずの結婚が、再び、聖なるものとして高みに昇っていく。

これだけの長年にわたる苦労を水の泡にしていいのか？　ここだけ時計の針を巻き戻していいのか？　だからこそ、そんなことあってはならないと、ジャネット・ハリー教授は声をあげたのだ。


なんだかよくわからないブラックボックスに入れて、神秘のベールをかぶせた結果、結婚は魔法の力を持ってしまった。

そして、結婚を侵すべからざる〝聖域〟にしてはならないというフェミニストは、それをバラバラに分解することにした。そして、結婚をリストに分解してはじめて、私たちには様々な選択肢が生まれるのだ。

同性婚を求めるあなたは、具体的にはなにを希望しているの？　配偶者控除？　法定相続？　それならそうといってちょうだい。そうすれば、同性婚を求める者と、事実婚の拡充を求める者は、タッグを組んで多様な選択肢を確保することができるはずだから。

いまどき、スマホだって、機種を選んで、料金プランを決めて、カスタムメイドする。なのに、人生のこれだけ大きな買い物を、右へ倣えのデフォルト商品だけなんて、はなからおかしい話だったのだ。ファストフード店だっていろんなパックがあるではないか。

「結婚フルパッケージ型」とか、「お財布は一緒、恋愛は別タイプ」とか、「最低限のシンプルプラン、選べるオプション制」とか、せめてメニューくらい選ばせてほしい。

同性婚や事実婚を求める人は、結婚のほしいところだけ特定して「これください。あ、でもそれはいりません」といって、新しいメニューを作る絶好のチャンスでもあるはずだった。それにもかかわらず、「従来の皆様がやってらっしゃる結婚とまったく同じものをください」っていうのは、必ずしも使い勝手がよくない制度に自ら取り込まれようとすることかもしれない。

人生という名のジ・ハード

ハリー教授の結婚観を記憶から呼び起こしながら、私は自分が結婚の呪縛《じゅばく》から解き放たれるのを感じる。結婚しないと一人前になれない。結婚という関係のなかで子どもを育むべきだ。結婚したことない人にはわからない。結婚、結婚、結婚……！

37歳の私の年齢で結婚していれば、誰もなにも聞いてこない。世の中に対してなんらかの言い訳をしなければならないのは、常に「結婚していない」ほうなのだ。

「これがふつう」と決められた途端に、〝ふつう〟でないほうは世の中のスタンダードからの距離を説明する責任を負わされる。それは大変な負担だ。だからとりあえず、私たちは「結婚したいです」と口にする。「結婚したいのにできない人」という、理解可能な「ふつう」のフレームワークのなかに自らはまり込みにいく。そうすることでめんどくさいアカウンタビリティを免れようとする。

でも、そうやって〝ふつう〟にひれふすのって、たまに少し惨めなのだ。だから、心に澱がたまって「どうしてしょうこちゃんが結婚しないといけないの？」と、誰かに化体させて不満を爆発させる。

私たちはいつから、そんな卑屈な目をして〝ふつう〟におもねらなきゃいけなくなったんだ!! 「結婚なんてクソくらえ！」と叫んで、毅然と生きていけなくなったんだ！


ジャネット・ハリー教授が、そんなの全部まとめてくだらないといったときに、私は、心の底から拍手喝采をした。

結婚なんて大したものだけど、大したものじゃない。聖なるものじゃないし、特別な力があるわけでもない。結婚をくるんでいた象徴的な意義を消し去ると、現実生活の利益が残る。そうすることで、結婚の実益を、結婚以外の結びつきを求める人にも分け与える選択肢ができる。

だけど、そこで私は立ち止まる。

同性婚を認めてほしいと訴えたオバーゲフェルさんは、具体的にはなにを望んだのだろうか？ 彼は、パートナーの死亡証明書に「結婚相手」として記載されることを求めたのだ。生涯を賭《か》けた愛を承認してほしいと願ったのだ。彼は、生活保障を欲しがったのではない。この愛の形が社会的に承認されることを望んだ。

オバーゲフェル判決は、結婚の「実質的な利益と象徴的な意義」を述べる。結婚の実益を結婚以外の方法でシェアすることができたとしても、その象徴的意義を求める人たちにはなんといえばいいの？

私は、オバーゲフェルさんの生き方に感動したし、彼に最大限の敬意を払う。それゆえに、彼と恋人アーサーさんの結びつきを心から祝福したいと思う。どうしても結婚というかたちで社会に承認されたいなら、それはそれでかまわない。でも、社会から承認される方法は、「結婚」だけなのだろうか。

私は、オバーゲフェルさんの歩んできた道に共鳴したのである。アーサーさんを心の底から愛したオバーゲフェルさんにとって、自分の思いどおりの人生を生きることは、まさに闘いだったに違いない。

私は、パトリシア・ウィリアムズの文章に熱量を感じる。特別に聡明な黒人少女にとって、白人の社会のなかで生き抜くことこそが闘いだったのだと思う。

私は、ルース・ベイダー・ギンズバーグ判事のドキュメンタリー映画に感動する。女性として法曹界に地位を得ることは、それだけで闘いだったはずだ。

自分の生きる場所を切り拓くこと、つまり、生きることそれ自体が、ひとつの聖なる闘いなのだ。そして、闘い抜いた彼ら彼女らに私たちは共感し、人間として尊敬する。その生き方に共鳴する人が増えるにつれ、彼ら彼女らの人生やその結びつきが社会から承認されることになる。

そう考えると、「結婚をスタンダードにするのはやめて。未婚であっても居場所を与えて」と、世間に懇願すべきではないのだろう。代わりに、精いっぱいに自分の人生を生き抜く。自分の生き方をもって、自分の居場所を切り拓いていくしかないのだ。「差別しないでくださーい。いじめないでくださーい」と学校の先生から再三の注意を受けるよりも、「いや、この子、なんか楽しいやつじゃん。いいやつじゃん」となるほうが、よっぽどスムーズに新しいクラスに馴染《なじ》めるのではないだろうか。

遙洋子さんは「結婚しません」と宣言し、酒井順子さんは「負け犬」といった。

私たちは、それぞれの場所から、それぞれの方法で、「結婚」こそがスタンダードと考える世間に闘いを挑んできた。ときとして真っ向勝負を挑みながら。ときとしてぬるっとかわす方法をとりながら。そして私は、その際限のない闘いに身を投じることにためらいを覚えた。それだけで、人生が消費されていくような気がしていたのだ。

でも、ここにきて私は気づく。

私たちは闘いを避けることなんてできない。自分の思うように生きること、それ自体が闘いなのだから。私たちは、結婚することで新たなステイタスを得るわけではない。人間的な成長をするわけでも、自分以上の存在になるわけでもない。

そんな〝ウルトラC〟なんて、ほんとはどこにもないいんだよ。

できるだけ誠実に、できるだけ懸命に自分の人生を生きるしかない。それではじめて人は人として成長する。そしていつの日か、社会から認知され、さらには尊重されることになるのだ。

そして、この聖戦は〝ふつうじゃない〟側だけの使命じゃない。

結婚していたって、子どもがいたって、「ふつうの家族」というひとくくりの裏で、それぞれがそれぞれの生きにくさを抱えてあえぐ。

個人が自分の行きたい方向に思う存分に踏み込めばいい。私もあなたも、その右隣の人も、斜め前も、真後ろの人も。それぞれがその場所で闘っていることを忘れてはならない。その繰り返しによって、はじめて社会は多様になるのだと私は思う。

「多様な生き方が肯定される社会」なんて抽象的な美辞麗句はやめる。今日から、できるだけ正直に自分の人生を生きてみよう。

「結婚したいです」ということも、「結婚したくないです」ということもやめようと思う。

自分が面倒でも、相手がめんどくさがっていても、できるだけ丁寧に経験してきたこと、

そして、今思うところを伝えること――私は、そこからはじめたい。

第3章
家族

謎だった「男のお母さん」

小学校にあがる前に、私が夢中になった「この世の謎」があった。

5月には母の日、6月には父の日がある。女性のお母さんと男性のお父さん、そしてそのふたりから生まれた子どもというのが、私たちが思い描く「ふつうの家族」ではないだろうか。

夕暮れ時の保育園は忙しい。次々に保護者がお迎えにやって来る。

「先生、でんぐりがえってのやつ、また明日、やってー」

「はーい。また明日ね」

先生に見送られ、子どもたちは保護者のもとへと駆け寄っていく。

「今日はなにをして遊んだの?」

「あのね、たくと君に砂をかけられた」

「あら、ケンカ？」

幼い言葉で今日のあれこれを伝えようとするその相手は「お母さん」。そう、保育園に迎えに来るのは女の人ばかりだ。

ところが、なぜかクラスの佳奈《かな》ちゃんだけは男の人がお迎えに来る。背が高く、やせ型のその男性は、いつも少しうつむき加減で、園児の誰にも優しく微笑みかけてくれる。そして、その人は佳奈ちゃんにとても優しかったのだ。3月3日の桃の節句のときに、佳奈ちゃんは、私に雛《ひな》あられを分けてくれた。

「うちのお雛様の段の上に飾ってあるのを取ってきたの」と佳奈ちゃんがいう。

驚いた私は聞き返す。

「そんなことして怒られないの？」

「ぜーんぜん。お菓子でもなんでも、うちにあるものは佳奈が好きなときに取って食べていいっていわれてるよ」

佳奈ちゃんを迎えに来る男の人は、いつも佳奈ちゃんをお姫様のように扱っている。多少の嫉妬《しっと》を覚えた私は、保育園の先生に、

「なんで、佳奈ちゃんのおうちだけ、特別に、女の人ではなくて男の人がお迎えに来る

の？」と尋ねてみる。

「そうねぇ、佳奈ちゃんのおうちのことだから……」と、保育園の先生は答えをはぐらかすばかりだった。

なんでよぉ、なんでなのよぉ。「お迎えはお母さん」じゃないわけ？

「父子家庭」という概念すら知らなかった当時の私にとって、お迎えのお母さんたちの群れのなかのひとりの男性は、大きな謎だった。そんなある日、眠れずにうだうだとしていた保育園のお昼寝の時間に、私は突然、閃《ひらめ》いたのだ！

「そうだ!! お父さんとお母さんっていうのは、男とか女とはまったく関係ない役割の名前なんだ。保育園に迎えに来る役割なのが〝お母さん〟、その時間も会社で働いている役割が〝お父さん〟。お母さんには、確かに女の人が多いけど、男の人が同じ役割を果たしたっておかしくはない。そして、佳奈ちゃん家は『男のお母さん』」

私の描いた図式はシンプルだった。

子どもの面倒を見るのが〝お母さん〟、会社で働くのが〝お父さん〟。〝お母さん〟は女で、〝お父さん〟は男という家庭が多い。だが、それは決まりではない。数は少ないが、保育園の送り迎えをする男性は「男のお母さん」。逆に、会社で働いてる女性は「女のお父さん」になる。

こうやって保育園のお迎えを〝お母さん〟の役割によって、性別と無関係に定義する。そうすれば、佳奈ちゃんのおうちも含めて包括的に説明できるではないか。狂喜した私は、早速、お迎えに来てくれた母にこの理論を一生懸命説明しようとした。

「はいはい」と母は笑っている。

「どうしてキリスト教の神様は人間のかたちをしているの？　神様は葉っぱだったり、クマさんだったり、空気だったりすることはないの？」

「千曲川《ちくまがわ》って千回もくねくねと曲がりながら流れるから、千曲川と名づけられたって本当？　いったい誰が数えたの？　お船に乗って数えたの？　確かに1000ちょうどなの？　999だったり、1001だったりしないの？」

「男のお母さん」「女のお父さん」問題は、幼いころの私を虜《とりこ》にした数限りない「この世の謎」のひとつだった。突拍子もない疑問を持ち出す私に慣れっこだった母は、「いつかこの世の謎のすべてを、真由、あなたが解き明かしなさい」とばかりに笑っていた。

私が育った日本の家族

そう、多少めんどくさい子だった私を、両親は全面的に受け入れてくれた。

思春期には、ほかの多くの子どもがそうであるように、「もしも、私が富豪の娘だったら」「もしも、私が海外王族の末裔《まつえい》だったら」と、「もしもシリーズ」を繰り返した。

母に怒られた夜や、父が単身赴任先に戻った日に、そういう他愛のない想像が私の心を慰めていたのは間違いない。だが、それはあくまで想像のなかの話であって、現実の私は、自分が両親の子であることに疑いを抱いたことはない。それほどまでに、私と父はよく似ていたし、年齢を重ねるごとに母にも似てくるようになった。ふたりの遺伝子のミックスとして私が存在するというのは、鏡を見るたびにあきらかだった。

そして、疑心暗鬼になる余地などないほど、私はたっぷりとした愛情を注がれ、過保護なまでに心配されて、ぬくぬくと育ったのだ。

30歳を目前にした母は、扉が閉まりそうなバスに駆け込み乗車をするように父と結婚した。ほどなくして、私が生まれる。1年半後には妹も生まれる。結婚でつながった私の両親、その両親と血縁でつながった私と妹。

私は、誰かに対して自分と親との親子関係を説明した記憶がない。世間から説明を求められる余地がないほどに、私たちは「ふつうの家族」だったからだ。将来、私が問題を起こしても「複雑な家庭環境で育ち……」という形容詞をつけて、週刊誌で語られることはないだろう（どっちにしろ、問題を起こしたくはないけれど）。

佳奈ちゃんのほかに、保育園には萌《もえ》ちゃんというお友だちがいた。

萌ちゃんのおうちは有機栽培の野菜を販売していた。うちの母は、少し遠くにある萌ちゃんちの八百屋さんに車で行くたびに、「ここの野菜はどれもおいしい」とたくさん買って帰ってきていた。萌ちゃんパパは、ひょろっとしたもじゃもじゃ頭の人で、萌ちゃんのママはショートカットのきびきびした人だった。髪を撫《な》でつけた「お父さん」が多いなか、萌ちゃんパパの髪型はめずらしく、運動会でも目を引く。

萌ちゃんのおうちは、バス通りにある。

薄い水色の壁に、濃い青色の切妻屋根のおんなじかたちをしたおうちがふたつ並んでいた。その手前にあるのが萌ちゃんのおうちで、奥に立つのが萌ちゃんの叔母さんのおうち。

私はよく萌ちゃんのおうちに遊びに行った。萌ちゃんのおうちはオープンで、「萌と一緒にごはんを食べていきなさいよ」と声をかけてくれることも多かった。そんなとき、萌ちゃんパパがお店に出ていれば萌ちゃんママが、逆に、萌ちゃんママが店番をしているときには、萌ちゃんパパがごはんを作ってくれる。

うちのように、お母さんがごはんを作って、お父さんと私たちが食べるという、固定的な役割分担ではないようだ。萌ちゃんパパを〝お父さん〟に分類するか〝お母さん〟に分類するか、私は決めかねていた。萌ちゃんの「おかおとうさん」は、その髪型と同じようにめずらしい類型なのだろうと、幼心に私は思った。


私たちの保育園には、月に数度の「お茶の日」があった。

保育園の先生が注いでくれたお茶を正座して飲むという、それだけのことだ。とはいえ、お茶そのものより、一緒に出てくるお菓子を目当てにこのイベントは大人気だった。

「お茶の日」には、先を争うように園児たちが和室の前に並ぶ。先着順でお菓子がなくなり次第終了してしまう。そのため、いつもぐずっている園児たちも、この日ばかりは「早く保育園に送って」と母親にせがむのだ。

ある日、私が「お茶の日」の行列に並んでいると、私のふたつ後ろに萌ちゃんがいた。お茶とお菓子にありつけるか、ぎりぎりの位置である。私は、萌ちゃんに自分の順番を譲ることにした。前の日に、萌ちゃんのおうちで夕食をご馳走《ちそう》になっていたからだ。

その日の午後に園庭でお絵描きをしていた私を、萌ちゃんが木登りに誘った。園庭には大きなクルミの木があり、ちょうど登りやすく枝分かれしている。そのクルミの木の最初の枝分かれにふたりで腰を下ろしているときに、萌ちゃんが私にいった。

「うちの秘密を教えてあげる」

私たちの姿はちょうどクルミの葉っぱに隠れている。秘密の匂いは、私の肌をぞわぞわと粟《あわ》立たせる。

「うちのパパとママは名字が違うんだよ」

「えっ、なにそれ!!　パパとママって同じ名字で、それが萌ちゃんの名字じゃないの?」

「ううん。うちは〝ジジツコン〟なんだって」

萌ちゃんの真剣な眼差《まなざ》しから重大な秘密を打ち明けられているのはよく分かった。だが、保育園児の私にはその秘密を咀嚼《そしやく》する力はない。結局、この秘密は私が解明すべき「この世の謎」の箱のなかにしまわれた。

うちの「ふつうの家族」。佳奈ちゃんちの「男のお母さん」。萌ちゃんちの「おかおとうさん」。保育園児の私の世界における家族のバラエティのすべてである。

多様になりつつある日本の家族

さて、私がいかにめんどくさい保育園児だったかということが本題ではない。「男のお母さん」とか「女のお父さん」があり得ないのかということが、問題なのである。

当然のことだが、法律上、母と父は区別される。簡単な言い方をすれば、子どもを産んだのが母、そしてその母と結婚している男性が父というのが原則になる。つまり、女の人と男の人で、「親」になるためのルールは異なっている。

ところが、このルールを混乱させる事態が生じる。

「性同一性障害者の性別の取扱いの特例に関する法律」をご存じだろうか。2003年に議員立法によってできたもので、「生物学的には性別が明らかであるにもかかわらず、心理的にはそれとは別の性別……であるとの持続的な確信を持」っている人のなかでも、特に体の性別を自分の心の性別に適合させる手術を経た個人について、一定の厳格な条件のもと、戸籍上の性別を変え、その後は変更後の性別に従って生きることを許している。

つまり、戸籍上、女として生まれたけれど、私はずっと男だと確信している人がいる。その人が、手術をして戸籍上の性別も変更した場合には、結婚することができるというものだ。

法律上、ここまではハッキリと書いてある。つまり、女性として生まれても、男性に性別を変更すれば女性と結婚することができる。だが、ここからは曖昧《あいまい》だった。果たして、この夫婦の妻が精子の提供を受けて子どもを産んだ場合、夫は自動的に「父」になるのだろうか？　この重要な問題について、この法律には明確な定めがなかったのである。

新宿区《しんじゅく》の出生届で、これが具体的に問題となった。

性別変更をして男になったAさんは、愛する女性と結婚しその女性が産んだ子どもを、自分の子として新宿区の区役所に届け出た。母の欄に妻を、父の欄に自分の名前を書いたのだ。ところが、Aさんと子どもとの間に血縁関係がないと判断され、Aさんの提出した出生届は受理してもらえなかった。性適合手術をしても生殖能力まで変えられるわけではない。妻が精子提供を受けて産んだ子どもは、Aさんとの間に血縁関係はないことも事実だ。

そして、日本にも、精子提供を受けて生まれた子どもは相当数存在する。だが、出生届を出す際に「私の子として届け出るんですけど、実は、血はつながってないんですけどね」などと断るはずもなく、担当官もそんな不躾《ぶしつけ》なことは聞かないだろう。したがって、事実上、夫婦が結婚していれば、生まれてきた子どもは、精子提供を受けていても夫の子どもとなる。

一方、性別を変更している場合には、戸籍を見ただけでそれが分かってしまう。なぜなら、性別変更の記録は戸籍に残るからだ。そこで、「父親欄のAさんと子どもとの間には血縁関係がないな」と知った新宿区の担当官は、この出生届は正しくないとばかりに、受け取ることを拒んだのである。

結局、この事件は最高裁まで争われ、2013年、最高裁はAさんを子どもの父と結論づけた。Aさん側の勝利である。性別を変えることが認められているのだから、Aさんはすべての法律において男性として扱われる。なので、「親」になるルールも、子どもを産むことという女性用のルールではなくて、子どもを産んだ女性と結婚していることという男性用のルールが適用されるというわけである。

アメリカでは同性婚が認められている。日本では同性婚は認められていないが、性別を変更して結婚するカップルもいる。とすれば、家族のイメージは、日本でも徐々に複雑になりつつあるようだ。

コンスタンティンの家族

この判決から2年後の2015年7月、私はボストンの街にいた。32年の人生ではじめて海を渡ったのだ。

日本にいた間に借りる段取りをしておいた家には無事にたどりつくことができた。追って、段ボール何箱分かの荷物も届いた。ところが、どこに行ったらスーパーがあるか、どこに行ったらそれなりにおいしいごはんが食べられるか、右も左もわからずに、異国の街でひとり、私は途方に暮れてしまった。

思えば、私のような学生ばかりなのだろう。それを見越してか、大学はSNSを使って、授業のはじまる前からコミュニティを作ってくれていた。そこに書き込みを見つけた。

「以前はロー・スクール生として勉強したことがあるけれど、今度は博士号を取るために再び大学に戻ってきました。ボストンの街はよく知っています。お手伝いできることがあれば」

その投稿をしていた親切そうな男性コンスタンティンに、私は連絡してみた。

「ボストンでの生活をセットアップするのに、なにか役に立つことがあれば。とりあえず、ご飯でも食べようか」

彼からは早速返信が届く。私たちは、ハーバード・スクウェアで待ち合わせをした。


私が借りた家からハーバード・スクウェアまでは歩いて10分ほどである。

隣家と競うように整えられた美しい庭が並ぶ通りを歩いていく。これが「まさにニューイングランドらしい美しいストリート」であって、ここで暮らせることはひとつのステイタスなのだと、のちにコンスタンティンから教えてもらった。

日本人ほど時間に正確な国民はいないとも聞く。待つのだろうか？　すっぽかされたらどうしよう？　待ち合わせ場所にたどりつくまでの間に少しだけ不安になる。だから、ハーバード・スクウェアの交叉路《こうさ》で、背の高い男性がしげしげとこちらを見つめているのに気づいてほっとした。鳶《とび》色の髪の毛と同じ色の目。高い鼻梁《びりょう》。思慮深げなその顔には温かい微笑みが宿っていた。時間より前に到着していたコンスタンティンは、私を待っていてくれた。SNSの写真と変わらず、実物も落ち着いた男性である。視界の中心に彼を据えていた私は、そのかたわらからベビーカーを押した女性が現れたことに少し驚く。

「こちらはレオナ。ハーバードで児童心理学を専攻することになっている。そして、これが僕たちのベイビー」

コンスタンティンもレオナもポーランドからの移民だ。レオナは、色素の薄いプラチナブロンドを顎《あご》の下で切りそろえ、静脈が透けて見えるような薄い色の肌の美しい女性だった。コンスタンティンが話す横で控えめに微笑んでいる。

当時、30代前半の駆け出しの研究者だったふたりは、7年前に大学で出会う。

そして、裕福ではなくとも清潔な恋をし、デートを重ね、ともに暮らす道を選んだ。やがて子どもが生まれる。コンスタンティンがハーバードに戻ると決めたとき、レオナも同じ大学で自分が専攻できるコースを探した。離れて暮らすという選択肢は、ふたりにはなかった。長い年月を共に過ごしたふたりは、情熱的な関係から出発して、安心できるパートナーシップを築きあげていたのだ。

だが私は、コンスタンティンがレオナを一度も「僕の妻」と呼ばないことが気にかかっていた。

レオナは気遣いのできる優しい人だ。

私がホームシックにかかっているかもしれないと思ったのだろう。ハーバードの隣駅の日本料理屋さんに連れて行ってくれた。そこで頼んだ「YAKITORIDON」は、鶏肉の上に照り焼きソースがかかっている。間違いなくおいしいのだが、日本の焼鳥とは趣が異なる。だが、気づかわしげに「どう?」と聞いてくるレオナを見ていると、「うん、これこそ故郷の味!」と太鼓判を押したくなる。レオナの顔にぱっと笑顔が広がり、「オウセンティックなのね。よかったよかった」と安堵《あんど》する。湯気の立つ丼と温かい人々――知らない土地の孤独感が薄れていく。

レオナも、コンスタンティンを名前で呼んでおり、「私の夫」とは決して口にしなかった。

家に帰ってから、早速、コンスタンティンにお礼のメールをした私は、SNS上の「知り合いかも」という表示にレオナの透明感ある笑顔を見つける。だがレオナは、コンスタンティンとはあきらかに名字が異なる。アメリカでは夫婦でも別々の姓のままにできるけれど、私は、彼らは結婚していないのだろうと直感し、彼らと深く付き合うなかでその事実を確認した。

決して若さと勢いにまかせての関係ではない。私と出会った頃のふたりは30代も後半になり、知れば知るほど思慮深いカップルだった。一時的な関係でもない。人生の重要なことはもちろん、些細《ささい》なことも、常に話し合って決めていた。お互いに尊敬しあい深く理解しあうこのふたりが、結婚しないまま子どもを儲《もう》けている。この事実に私は意外性を覚えた。だが、それは不自然なことでも、おかしなことでもないとレオナは私にいった。

「もしかしたら、おじいちゃんやおばあちゃん世代とか、世の中にはそういうことを気にする人もいるかもしれないわ。信心深い人とかね。でも、私たちの両親も友人も、なにより私たち自身がなにも気にしていない。結婚していてもしていなくても、世間は私たちを『家族』として扱ってくれる。結婚という儀式よりも重要なことは、家族としての時間を積み重ねていくことよ」


その後、かの地で、子どもを儲けているけれど、結婚していないカップルにたくさん出会った。それでも、アメリカの社会はごく当然のように彼らを「家族」として扱っている。

話は戻るけれど、両親が「事実婚」だという萌ちゃんの告白は、重大な秘密を私に分け与えてくれるという特別な響きがあった。ところがアメリカという国では、両親が法律上の結婚をしていないという事実が、しごく当たり前のことであるように、あっけらかんと語られている。

マデリンの家族

友人に紹介してもらったマデリンも、印象的な「家族」を作りあげていた。アジア系の家具がセンス良く配置された自宅で、マデリンは「日本の家族観」に関する私の話を興味深そうに聞いてくれた。ちなみに、ここで彼女の髪の色を形容しても、あまり意味がない。最初に私と話したときは黒髪だったけれど、青や紫へと、彼女はしょっちゅう髪の色を変えている。

この時間は、彼女にとってのつかの間の休息の時間だった。ミュージシャンの夫は家を空けており、彼女の子どもたちは学校に行っている。マデリンのSNSのホーム画面は家族写真である。髪を紫にしたマデリンと、丸眼鏡に顎髭《ひげ》のアーティスティックな夫は、どう見てもアメリカに暮らす白人である。だが、ふたりの子どもたちは褐色の肌にチリチリの強い癖のある髪の毛をしている。

結婚してから3年の間、マデリンは子どもができなかった。

そこで、彼らは不妊治療を始める。感じのいい笑みを浮かべた看護師たちに囲まれ、終わりのないプロセスに延々とお金を投じた。何度目かの体外受精が失敗したのちに、「もう、やめにしよう」とマデリンは夫にいう。その後ふたりは相談して、ケニアから養子をもらうことに決めたのだ。

ひとり目の男の子と養子縁組をした翌々年に、ふたり目の男の子も同じケニアから迎え入れることにした。ひとり目の男の子はアフリカまで迎えに行った。ふたり目は、エージェントがニューヨークに連れて来てくれる約束だった。

クリスマスの近づく雪の降る夜に、その子はニューヨークにやって来た。

生まれて初めての長旅に疲れた3歳の男の子は、空港に着いたときから咳《せき》をし続けていた。マデリンたちは彼を家に連れて帰って、暖かいブランケットにくるんで看病した。ところが、夜が更けても彼の体調はよくなるどころか、悪化していく。高熱を出す3歳の男の子を前にして、マデリンは気が気ではなかった。朝まで待ちきれずに、彼女は救急病棟に彼を運ぶことにする。

心配して起き出してきた長男には、夫と留守番をしているように言い聞かせる。それでも、「弟のそばにいたい」と言いはる長男に、ついにマデリンが根負けした。結局、家族全員で救急病棟に駆け込んだのは午前2時のことだった。点滴を受けた3歳の男の子は、持ち前の生命力であっという間に回復したのだ。

「あのときママは、あなたを抱きかかえて、必死に病院に向かったのよ」

あれから3年経った今でも、その話は次男のお気に入りの寝物語だとマデリンはいう。数多くのトラウマを抱えた長男と次男は、彼らのために懸命になる母の姿に、自らへの愛情を確かめようとする。それがわかっているから、何度ねだられても、真新しい物語を語るようにマデリンは病院までの道のりを再現してみせる。

マデリン自身が養子だった。

ニュージャージー州に暮らす富裕で上品な両親は、物質的にも精神的にも有り余るものをマデリンに注いできた。だが、10代のマデリンは、両親に激しく反発した。親のすすめで入学した名門校を、「3分」という最短記録でドロップアウトした彼女は、保守的で秩序を好む両親にあてつけるように、ニューヨークという大都会で退廃的な生活を送りはじめる。そこから、「書くこと」に自らの才能を見出《みいだ》し、ライターとして生活できるようになったマデリンは、享楽的な生活を立て直し、自分の人生をつづった物語で作家としての名声を確立した。

ニューヨークのセレブリティの仲間入りを果たした今でも、親の愛情を疑い、親を試し続ける子どもたちの気持ちが、彼女には手に取るようにわかるのだろう。

マデリンにとっての「家族」とは、そこにあるものであると同時に、自らの手で作りあげたものでもあった。

多様な家族がバラ色であると安易に賛美するつもりは、もちろんない。思春期のマデリンと両親の仲は険悪を通り越して、絶縁状態だった。そして、心に傷を負うマデリンのふたりの息子たちは、「特別のニーズを要する子ども」に分類されている。彼らは、落ち着いて座ることができず、常に激しく動き回り、互いにケンカして、家のなかのあらゆるものを破壊する。

作家として自立したマデリンは、両親との間に頼りあえる関係を取り戻している。今ではマデリンが、息子ふたりを連れて両親の家に遊びに行くことも多い。そのたびにマデリンの両親は、ジェットコースターのように激しく浮き沈みをするふたつの小さな嵐に、文字どおり家ごと揺り動かされることになる。

物静かな老夫婦は、孫の来訪を心待ちにしてはいる。これは事実。だけど、小さなモンスターたちが去った後の住まいの静寂のなかで、ふたり顔を見合わせて安堵のため息を漏らしている。これもまた事実である。

それぞれの家族が、それぞれの葛藤《かっとう》を抱えている。

家族がより多様であるがために、その様相は日本に比べてもなお複雑で深刻なのかもしれない。だが、アメリカにおける家族の多様性は、もはや、いい悪いを議論すべき段階にはない。

そう、それは〝事実〟としてそこに存在するのだ。アメリカは、日本に先んじて、家族の多様性にどう向き合うのかという問題を突きつけられた。

葛藤するケヴィンの家族

2000年、サンドラ・デイ・オコナーという女性初の最高裁判所判事によって、祖父母の子どもに対する権利について、有名な判決文が出される。

「前世紀における人口統計的な変化は平均的なアメリカの家族を語ることを困難にする。家族構成は世帯ごとに大きく異なる」

これは、その判決文の冒頭の文章である。

現在のアメリカの家族を、かつてのホームドラマのような典型的な家族像で括《くく》ることはできない。1970年には、未婚の母のもとに生まれてくる子どもの割合は、11%に過ぎなかった。それが2016年には42%超となっている。

一人親家庭の増加により、祖父母などの親以外の者が子育てに関与する機会も増えた。2018年、祖父母と暮らす子どもは300万人強であり、その割合は全体の4・2%に及ぶ。

未婚率や再婚率の上昇により、血のつながらない継親《ままおや》と暮らす子どもの割合も上がった。2010年の統計によれば、ひとりの血縁の親または養親と暮らす子どもの11%が、もう一方の親として血縁のない継親と同居する。また、祖父母をはじめとする親以外の親族が子どもを監護するという状況もある。

2015年、連邦最高裁が同性婚を権利として認めた。同性カップルによる子育てはそれに先立って増加している。さらに、2017年に合衆国全体で生まれた新生児のうち、実に1・9%が、体外受精・胚移植等の高度な生殖補助医療技術によって生まれている。

アメリカの家族は、事実として多様である。

しかし、多様な家族のあり方を、社会が常に寛容に受け容れてきたわけではない。少なくとも、1970年代のアメリカは、日本と比べてもなお、保守的な価値観が根づいていた。そこから急速に変化していく社会のなかで、伝統的な家族観とそうではない家族観は、たびたび衝突することになる。

ボストンに暮らすケヴィンは理系の研究者だ。

ケヴィンは戸惑っていた。彼の「美しい娘」クリスティナが、ある日、幼稚園から帰るなり「僕のことをハンクと呼んで！」と宣言したのだ。ケヴィンは、自分を偏見のない男性と見なしていた。そんな彼でも、自分の子どもの変化を目の当たりにして、あきらかに動揺していた。

宣言したその日を境に、クリスティナは、日々、ハンクに変わっていく。長く伸ばした三つ編みは短髪になり、遊び相手はお人形からマウンテンバイクになった。ケヴィンは、彼の「クリスティナ」の変化に複雑な思いを抱いていた。だが彼の妻は、終始落ち着いている。ケヴィンと結婚する前に、ふたりの女性と付き合っていた妻にとっては、子どものセクシャリティの主張は驚くことでもなかった。妻はケヴィンにこう諭す。

「ほかの家族の多様性にあれだけ寛容だったあなたが、一番大事な自分の子どもの個性に急に不寛容になるなんておかしいわ」

ケヴィンは頭では理解している。心でも納得しようとしている。ケヴィンのスマートフォンの待ち受け画面では、短髪でマウンテンバイクを漕《こ》ぐハンクが颯爽《さっそう》と微笑んでいる。同時に彼は、同じスマートフォンのなかに、クリスティナも保存している。こちらを向いてはにかみながら笑う、長い三つ編みの女の子の画像を、彼はいまでもときどき眺める。

ただ、クリスティナとハンクの写真を比べて、ケヴィンは思う。クリスティナの笑顔はどこか所在なげだ。一方のハンクの笑顔は自信に満ち溢《あふ》れている。

「自分のいるべき場所を人生の早いうちに見つけられたのなら、幸せなことではないか」

そうケヴィンは思いはじめている。ついつい「うちの娘」と口にしてしまう癖も、最近は改めつつある。


先日、男性との関係をうまく構築できないと彼に悩みを打ち明けてみた。彼は、ごくナチュラルに私に勧めた。

「じゃあ、次は女性とデートしてみたら？」

ハンクの気持ちに寄り添おうとすることが、ケヴィンの物事の捉え方を変えつつあるのかもしれない。


家族というのは常に葛藤を繰り返すのだと思う。

近しい関係ではあるが、あくまでも他人である。当然、自分の思いどおりにはいかない。それでも、この幼い我が子が、将来、悩みを抱えないようにと願い、先回りして、子どもの人生の〝苦悩のタネ〟を取り除こうとする——古今東西、親とはそういうものである。そして、子どもは反発する。「あなたを思ってのことなのに」と親も苛立《いらだ》つ。家族のなかでは、その手の衝突が繰り返されている。

だからといって、家族である限り、お互いの関係をそうやすやすとあきらめることはできない。「おまえは他人だ」と互いに突き放してしまえば楽なのだろうか。それができないからこそ、相手を理解したい相手に理解されたいと、不器用な歩み寄りを繰り返す。この不断のプロセスが、私たちを「家族」にするのではないかと私は思う。

そういう意味では、「家族」にアメリカも日本もないようだ。衝突と和解──その繰り返しだけが、ともすればバラバラになりそうな私たちをひとつにぎゅっと結びつけている。

「男のお母さん」「女のお父さん」問題、再び

表面的には多様になりつつあるアメリカの家族であるが、その根底には、普遍的に変わらないなにかがあるのかもしれない。ただ、確かなことはアメリカの家族は急速な変化の時期を迎えているということである。

「男のお父さん」「女のお母さん」――これを当たり前とするのは、もはや時代遅れだ。変化していく「家族」を、アメリカの法律も後追いで承認するようになる。

先に記したように、親を定めるルールは男女において異なる。

子どもを産んだ女性が〝母〟となる。代理懐胎のような特別な場合を除き、子どもを産んだ女性が子どもの血縁の母であることはかなりはっきりしている。一方、子どもの血縁の父は、母ほどにはあきらかでない。母と結婚している男性を子の〝父〟とするルールは、「夫が血縁の父だろう」という推定、そして、「夫が血縁の父であるべき」との〝べき論〟

によって、二重に支えられているとされてきた。

ところが、この〝お父さんの決め方〟ルールに揺らぎが生じる。

1980年代のアメリカは「ゲイビーブーム」を迎える。特に、女性の同性カップルが盛んにふたりで子育てをはじめた。実は、同性婚が認められるよりも前に、同性カップルによる子育てがはじまっていたのだ。そして、子どもを儲けることに関しては、男性の同性カップルよりも、女性の同性カップルのほうがずっと安価で容易だった。女性の同性カップルの一方が精子提供を受けて妊娠し、出産する。人工授精は子宮の入口から管を入れて精液を直接子宮の中に注入する施術だが、アメリカでは自分たちだけで自宅でやる人も多いくらいだ。当然、費用も安い。

だが、問題がある。

体外受精では、一方の卵子を使って、提供を受けた精子と掛け合わせて受精卵を胚《はい》にまで育てて、もう一方の子宮に戻すことができる。そうすると、一方は血縁の母になり、もう一方は産みの母になる。両方とも、子どもと生物学的なつながりを持つことができるというわけだ。他方、人工授精の場合、子どもとの生物学的なつながりは一方が独占する。もう一方は、いわば血のつながりを一切持たない「赤の他人」になってしまう。そして、簡単で安価なので人工授精で子どもを作る女性の同性カップルが多かったのだ。

ふたりで育てると約束して、一緒に計画して、精神的に不安定な妊婦を支え、産みの母が「ママ」と呼ばれるかたわら、「マミー」と呼ばれて、まさにこの子の〝母〟として誰よりも近しい関係を築いてきた彼女。その彼女が、パートナーであった産みの母との間の行き違いが高じていざ別れるとなったとき、もっとも親密な関係にあると信じた〝我が子〟と、二度と会えなくなってしまう。この現実は、多くの人に衝撃を与えた。


血のつながらない「マミー」と子どもとの関係を保護しなくてはならない。

そういう考えが、1990年代のアメリカの学界で主張される。そこで、母との関係を基準にして、子どもの親としての地位を与えるルールが、男女のカップルのみならず女性同士のカップルにも拡張されることになる。

2000年に入って、カリフォルニア州の判例は、母のパートナーを父と推定する州法は、男性のみならず女性にも適用されるという判断を下した。ここに「女のお父さん」が判例で認められたのだ。そこから、いくつかの州は正式に法律を書き直して、「女のお父さん」を州法に定める。

保育園児だった私はかつて、「男のお母さん」「女のお父さん」を哲学した。

そして今、アメリカでは「女のお父さん」が、社会でも法律でも認められつつある。リベラルとされる州の法律は、もはや〝父〟〝母〟という言葉を使わない。〝親〟の一択に統一しているほどだ。たとえば、マサチューセッツ州の出生証明書は〝父〟〝母〟の欄に代わって、「ペアレント1」と「ペアレント2」、つまり、「親1」「親2」と呼び分けているのだ。

「家があります。緑と白の家です」

「家があります。緑と白の家です……。家族がいます。お父さん、お母さん、ディックとジェーンが、緑と白の家に住んでいます。みんな、とても幸せです」

これは、黒人女流作家のトニ・モリスンの処女作『青い眼がほしい』の書き出しである。のちにノーベル文学賞を獲《と》ることになるこの作家は、「よきアメリカ」の家族像を謳《うた》う小学校の教科書のテキストの引用から物語をはじめる。強い父と優しい母、そしてふたりの子どもたち。私たちは、家の前に並ぶ「ふつうの家族」の立ち姿を、そこに想像する。ところが、その次のページが、この家族写真を打ち砕いていくのだ。

「家がありますみどりと白の家です……家族がいますお父さんお母さんディックとジェーンが緑と白の家に住んでいますみんなとても幸せです」

「いえがありますみどりとしろのいえです……かぞくがいますおとうさんおかあさんでぃっくとじぇーんがみどりとしろのいえにすんでいますみんなとてもしあわせです」

次の1頁で句読点が取り除かれる。その次の1頁ですべてが平仮名に変換される。もはや、どことどこが文の句切れかさえ分からず、「ふつうの家族」の美しい肖像は、急速にその焦点を失っていく。

そう、トニ・モリスンという先鋭的な作家は、「ふつうの家族」という虚像を徹底的に破壊してから、『青い眼がほしい』という物語を語りはじめるのだ。

その当時、私は「駒場《こまば》の2年生」だった。

東京大学の1、2年生はみんな教養学部に所属して駒場キャンパスに通う。3年生に進むときに、それぞれが法学部や経済学部に進学し、その多くが本郷《ほんごう》キャンパスに通うことになる。駒場の2年生というのは、就活という残酷な社会への飛び込み台に立つ前の人生最後のモラトリアム時代である。

とはいえ、惰眠《だみん》を貪《むさぼ》っていた学生たちも、1月には少々ぴりっとしはじめる。冬本番へと向かいつつある1月の駒場キャンパスは、定期試験の季節を迎えるのだ。学食が閉まるまでだべっていた若者たちも、足早に図書館に消えていく。そんななかでの1月半ばの補講はだるい。試験ではなく、レポートを評価の対象とする授業だと、なおさらだ。間近に迫った「中国語」と「日本国憲法」の試験勉強を仕上げなければならない。「アメリカ文学史」のレポート提出は後まわしでいいはずだった。正直、〝内職〟をしようと、私は「日本国憲法」のノートを持込んでいた。

そんなけだるいはずの「アメリカ文学史」の補講の冒頭に、先生が提示したのが『青い眼がほしい』の書き出しのテキストだった。私は衝撃に体を貫かれる。

なんだこれ？　これまで本はたくさん読んだけれど、こんな文学は見たことがない！

試験勉強をわきによけ、私はその日の帰りに図書館に寄って、『青い眼がほしい』を借りた。一気に読み終える。そこから、トニ・モリスンの『ビラヴド』を読み、『スーラ』を読み、そして『ソロモンの歌』を読む。その先に広がるのは、私が知らない家族の在り方だった。

ボストンの街に降り立った私は、トニ・モリスンの『青い眼がほしい』を、英語で読み直すことにした。

1頁目で「ふつうの家族」を描く。2ページ目で句読点をなくす。そして、次に単語と単語の間の区切りの一切をなくしてしまう。単語と単語の間を区切ることで、英語は意味の切れ目のマークにする。それが一切取り払われた文字の連なりは、日本語よりもずっと鮮やかに模範的な家族像を打ち砕いていく。

そして私は、『青い眼がほしい』を英語で読み返しながら気づく。トニ・モリスンは、家族自体を壊したかったわけじゃない。〝理想の家族〟への憧《あこが》れなんて捨てて、いまそこにいるあなたの〝現実の家族〟に目を向けてあげて——この作家はそう叫んでいる。

美しくない。裕福ではない。模範的でもない。お互いの関係に行き詰まり、ときとして、暴力的にそれを壊そうとする。どう愛していいかわからない。だが、相手を無視することも、切り離すこともできない。トニ・モリスンの物語のなかで、生々しく、荒々しい葛藤を経て、そこからホカホカとした湯気とともに家族のリアルが浮かび上がる——。

そうだ。私もこの問題に取り組んでみよう。30年超生きてきた国を離れて、異国の地で、私は「家族」を探求するために、私の物語をはじめることにした。

第4章
老後

アメリカの「家族」と日本の「家」の違い

「あら、どうして？　子どもが年老いた親の面倒をみるっていう義務が、そんなにはっきり法律に書いてあるの？」

エリザベス・バーソレッテ教授が、片方の眉《まゆ》を吊《つ》り上げる。授業中に英語で質問をされると、心臓が縮む。それでも今日の私は、ここで引き下がるわけにはいかない。なんせ、日本を背負って手をあげたのだから。

発端は授業で習った判例だった。

年老いた母は、老人ホームで人生の最期を迎える。母の死後、その老人ホームは介護にかかった費用を精算しようとした。だが、毎年、老女のために使われるはずの財産は息子が使ってしまっている。そこで、彼女の残りの財産を相続した息子に、ホームは残額を請求した。ところが、彼女の息子は自分には支払義務がないとして裁判所で争ったのだ。

アメリカと日本の家族観の違いを感じるのは、こういう瞬間である。すかさず私は手をあげる。

「日本では、こんな訴訟は聞いたことがありません」

勢いにまかせて、私は話し出す。バーソレッテ教授は驚いたように私に尋ねる。

「あら、どうして？　子どもが年老いた親の面倒をみるっていう義務が、そんなにはっきり法律に書いてあるの？」

今度は私が驚く番だ。親子の間で、まず法律上の義務を持ち出すなんて！

「確かに、子どもは親を扶養する義務が民法に定められていると思います。でも、そんなに細かくきっちりとした定めではありません。これって、法律上の義務というよりは道義的な義務ではないでしょうか。確かに、親子関係は様々です。親の面倒をみろとすべての子どもに押しつけることはできないかもしれない。ただ、日本では、一般的には、自分を育ててくれた親が年老いて介護を必要とすれば、子どもが面倒をみることになります」

バーソレッテ教授は、目を見開いたまま黙り込んでしまう。しばしの沈黙の後、彼女は再び口を開く。

「日本と比べると、アメリカは年寄りに冷たい国だわ。私もね、年寄りの部類に入るようになって心からそう思うのよ。大統領候補者はこぞって若作りをする。健康不安を心配するよりも批判の対象にする。子どもたちは、年老いた両親を養うことはしない。老後に備えて、私たちは自分でお金を貯めておかないといけないの。この若い国は、この国を必死に支えて、そして、老いていった人たちをいたわろうとはしてこなかったわ」

ここにおそらく、アメリカの「家族」と日本の「家」の決定的な違いがある。

アメリカの家族にあるはっきりとした外縁

アメリカは裁判の国だ。それを象徴するような判例が、2000年に出される。父方の祖父母が、孫と会う権利を求めて母親を訴えたのだ。

トミー・グランヴィルとブラッド・トロクソは、結婚しないままイザベラとナタリーというふたりの娘を儲《もう》けた。結婚しないで子どもを儲けるというのは、アメリカでは別にめずらしいことではない。娘たちにとっての不幸は、その後、父のブラッドが自殺したことだ。だが、父の実家であるトロクソ家は、ブラッド亡きあともイザベラとナタリーとの交流を保っていた。

トロクソ家は、一族の中心だった。

週末にはブラッドの兄弟姉妹たちが子どもを連れて訪れる。ブラッドの両親は、よっぽどもてなし上手だったのだろう。居心地のいい雰囲気と、音楽に晩餐《ばんさん》。週末のたびに、イザベラとナタリーは、トロクソ家で年の近い従妹たちと夢中になって遊んだ。父を失ったふたりの少女たちは、父を愛した人々と過ごす時間に癒《いや》されたことだろう。

ただ、母のトミーの考えは違った。彼女は、娘たちとトロクソ家との交流に反対するようになる。実は、トミーには新しい恋人ができていた。そして、その恋人と娘たちを養子縁組して、新しい父になってもらおうと考えていたのだ。

母は新しい家族を大事にしたい。祖父母は孫たちに会いたい。そこで、父方の祖父母が母を訴えた事件は、連邦最高裁まで上っていった。孫に会いたいという祖父母の気持ちは痛いほどわかる。でも、これで訴えるというのは、日本人の私の感覚からすると信じがたい。訴えたりしたら、よけいに母親との仲がこじれてしまいそう……。

だが、個人主義の国アメリカでは、家のなかの問題は家のなかで解決しようという発想はない。


この判決文で、親が持つ子どもに対する絶対的な支配権が語られる。

子どもが誰と会うべきか、誰と会うべきでないかを決める権利が、親にはある。だから、母が望まないのならば祖父母が子どもと会う機会は制限される。現在では、すべての州が祖父母と孫との面会交流に関して州法に定めを置いている。祖父母、兄弟姉妹、親戚《しんせき》——

親が反対してもなお子どもと交流を保つことができる人は、それぞれの法律で定められる。そして、その範囲から出てしまった者は、親が認めない限り子どもと会うことができない。

アメリカでは、「家族」の輪郭がはっきりしていると、私は思う。

トロクソ家は、確かに、地域に点在するブラッドの兄弟姉妹の交流の場だった。だがこれだって、閉じた家族と家族が、境界線を一時的にぼやかして交流しようと決めていたからに過ぎない。決して、家族と家族の境界が消えて、全体が大きな家族を構成していたわけではないのだ。

アメリカの家族の境界線は閉じられている。

子どもたちは、家庭という檻《おり》から親の許可なく外に出られない。その境界線を誰に向かって開くか、誰を家族のなかに招き入れるか、誰となら家族の外での交流を許すか、決定権は親にある。親の支配は、庇護《ひご》の裏返しでもある。判断能力が十分でない未成年の子どもを、外界というジャングルにほっぽり出せば、危険な肉食獣の餌食《えじき》になるのは目に見えている。

だが、いつまでも親が子どもの人生を支配していくわけにはいかない。

そこで制度上、成人を境に子どもは、突然、独り立ちする。自分の人生の舵《かじ》取りを自分の手で握ることになるのだ。家族の境界がはっきりしているアメリカという国で、成人した途端に、子どもは家族という囲いから弾き出される。親は、子どもが大学に行くまでの学費は払うだろう。だが、大学院の学費は支払わない。大学に進学して家を離れた子どもは、その時点で親の家族から独立した「個人」となる。一旦《いったん》働いて自分が稼いだお金で、または、奨学金をもらって、親からの援助を受けずに大学院に通うのはアメリカでは当たり前のことだ。成人した子どもが家を建てるときには、親が頭金を出してあげるのではなくて、頭金の分を貸すとも聞く。

　もちろん、そうはいっても、現実の世界ではクリスマスのたびに子どもたちは両親の家に帰ってくるだろう。そして、贈り物のやりとりをする。とはいえ、ここにおける親と子との関係は、あくまで独立採算制の個人と個人の付き合いだ。それぞれのお財布はまったくもって別々なのである。

　確かに、成人しても親と同じ家に暮らす子どもが増えてきているようだ。だが、互いにバラバラに住めるだけの経済的な余裕がない場合、つまり、ほかに選択の余地がないときの例外とされる。成人しても引きこもってしまった子どもだって、親だからといって、延々と面倒をみなければならないという考え方は存在しないのだ。

ならば、逆もまた然り。成人した子どもに対して、親が当然のように老後の面倒を頼めるような関係でもないのである。そう考えると、成人した子どもが親の介護を負担しないという、冒頭に紹介した判例も理解できてくる。

アメリカは、家族の外縁がはっきりしている。

家族の構成員は、原則としてカップルと未成年の子ども、または、その一部。家族のなかにいる人は面倒をみてもらえる。親が幼児をほっぽらかすなんてことはあり得ない。だが、一旦、子どもが家を出る。途端に、運命共同体を外れて、彼ら彼女らは「個人」となる。そして、親との経済的な一体性もなくなるのだ。そういう前提の下、バーソレッテ教授はこの原則を破るような法律上の特別な義務があるのかと、私に問うたのだ。

これがアメリカの「家族」だとして、日本の「家」は、これとはどこがどう違うのだろう？

日本の「家」は会社だった？

「江戸時代までの日本の『家』っていうのはね、これは、会社なのよ」

日本に戻った私は、東京大学の博士課程で家族法の勉強を継続した。そのときに、家族法の大家である教授が、日本の「家」の本質をそう端的に表現した。

江戸時代の武家制度のなかで確立した日本の「家」というのは、家の財産をバラバラにせずに、次の世代に、その次の世代に、脈々と伝えていくための装置なのだという。

江戸時代の家は、武士であれ町人であれ、それぞれ「家業」を持っていた。

浅草《あさくさ》の老舗《しにせ》のお煎餅《せんべい》屋さんを想像してほしい。祖父の代から頑固一徹で守ってきた秘伝のたれをしみこませながら、煎餅を焼く。この技法が評判になり、今ではかなり遠くからもお煎餅を買い求める人が引きも切らない。

だが、足腰も弱りはじめた三代目は隠居することを考えていた。子どもは長男、次男、そして、長女がいて、全員がお店で働いている。

だが、のれんという信用、そして、煎餅づくりのノウハウという無形資産があってこそ、お煎餅屋さんは価値を持つ。だから、お店の土地とか建物とか、はたまたお煎餅を焼く機器なんかの有形資産をバラバラにして、子どもたちに受け継がせても意味がないのだ。長女は、家業につながりのある家にお嫁に行くだろう。次男には、後々、のれん分けをしてあげるかもしれない。だがここは、とりあえず長男にお店を丸ごと継いでもらうことにしよう。

こうやって、浅草の老舗のお煎餅屋さんは、世代にひとりと跡継ぎを定めて、祖父から父へ、そして、父から息子の代へと事業を丸ごと受け継がせる。日本の「家」というのは、もともとそういうものだったらしい。

そう考えるとこれは家族経営の中小企業とおんなじだ。

家族法の大家である教授は、私たちにこう諭す。

「江戸時代まで、日本には『相続』なんて考え方はなかったのよ。『相続』というのはね、個人を単位に財産を管理する方法なの。個人が亡くなると財産の帰属主体が消滅する。それで、その時点の財産をすべてお金に換算して、それを相続人に平等に分配しましょうという考え方でしょう」

「じゃあ、江戸時代の日本では、おじいさんが亡くなったら財産をどうやって分けるんですか？」

「分けたりしないのよ。江戸時代までの日本の相続は、今でいう会社の『事業承継』と同じ。財産の帰属主体は個人じゃないの。家なのよ。だから、社長を交代するように家長を交代して、世代を超えて家の財産を引き継いでいく。個人が亡くなるたびに、財産の帰属主体が消滅して、財産を清算してっていう考え方はとっていなかったの。個人が亡くなってもなお、家は連綿と残っていくものなのよ」


アメリカの「家族」は点である。

子どもが成人すれば、親の家族とは別個の個人となり、やがて新しい家族を作っていく。もちろん、点在する家族と家族の間には精神的な交流がある。クリスマスには、子どもが孫たちを連れて、懐かしい両親の家に帰るだろう。ただし、親の家族と子どもの家族ははっきりと区切られている。両者は経済的には完全に独立した主体なのだ。

一方、日本の「家」は線である。

隠居した親の面倒は子どもがみる。その子も将来は、自分の息子やそのお嫁さんに面倒をみてもらう。家業を、親から子ども、そして、孫へと引き継いでいくその裏で、家業を営むことで得られるあがりで、年老いた親、出戻りの娘、引きこもった息子、家の構成員全員を養っていく。

家は、世代を超え、核家族の境界を超えて、一族を縦に結びつける。そしてこの家は、精神的な結びつきのみならず、経済的な基盤でもあるのだ。

「ラウンドテーブル」法廷の泥沼

ところが、「江戸時代」meets「欧米列強」が起きる。

その結果、明治維新によって、江戸時代は終わりを告げる。「家」を世襲していくという概念しか知らなかった人々にとって、「個人」を財産の帰属主体とする西洋の考え方との出会いは、未知との遭遇だったのだろう。地球を訪れた宇宙人に、「太陽は東から昇る」という常識をひっくり返される。それくらいのびっくり仰天だったに違いない。

だが、明治維新を担う英邁《えいまい》たちは驚くほどに賢い。そのキラキラと輝く知性で、スポンジのように欧米の価値観を吸収していく。そして、それをものの見事に日本の伝統的な制度と調和させて、明治民法を作ったのだ。だから私たちの民法には、「相続」が定められている。

この「相続」を、経験したことがある人もいるだろう。

私が司法修習をしていたときにも、裁判所に持ち込まれてくる相続のもめごとは尽きなかった。裁判官は「親子の争いは最終的には解決する。親は子を思うから。夫婦の争いも最終的にはなんとかなる。夫と妻は他人だから。問題は、兄弟姉妹の争いだよ。これはなかなか解決しない」と、格言めいた独り言をつぶやいてみせる。

それほどに、相続でも兄弟姉妹が争っているケースは根が深い。たとえば、親から残された3つの家のうち、もっとも日当たりの悪い土地をもらった末の妹がふたりの兄を訴えた事案や、老母を家に引き取って介護していた長男夫婦が、自分たちの相続分にはその労働分が含まれていなければおかしいと主張し、次男夫婦が「あれは介護というより虐待だった」と争うケース……。争いはあとを絶たなかった。

司法修習生だった私は、この手の争訟が苦手だった。相続争いの裁判で、多くの場合裁判官は和解を求める。裁判所に持ち込まれる訴訟の件数はとても多い。すべてに判決文を書いている時間なんて、裁判官にはない。だからこそ、民事の裁判官の能力は、どれだけ多くの和解をまとめきれるかにかかっているともいえる。

だが、どの事件も、裁判までもつれ込んでいるのだから、当事者の感情はねじれにねじれている。和解をまとめあげるのは難しいのだ。なかでも相続は、感情と金銭が複雑にこんがらがっている。

裁判官が和解をすすめるときには、公開の法廷ではなく「ラウンドテーブル法廷」がよく使用される。テレビに出てくる法廷では、上段に裁判官席があって、その下に原告と被告が向かい合って座り、柵《さく》を挟んでこちら側に傍聴人が座るという構成になっている。だが、それ以外に、裁判所には大きなラウンドテーブルが置かれた部屋があるのだ。

そのラウンドテーブルの端っこに裁判官が座る。法廷のように上段から見下ろされているわけではない。傍聴人の目にさらされているわけでもない。裁判官と同じ目の高さで、傍聴人を入れない親密な空間のなかで腹を割って話し、あわよくば和解に同意してもらおう。それがラウンドテーブル法廷の構造だ。

相続争いのラウンドテーブルは、争っている当事者がそれぞればらばらに呼ばれる。まずは、長男夫婦が入室してくる。年老いた母の認知症がひどく、入浴や排泄《はいせつ》を介助するために、血のつながらない自分の妻がどれだけ苦労したかを長男は語る。認知症は人格をむしばんでいくらしい。世話をしているはずの自分たちに、「お金を返せ！　この泥棒！」と鬼の形相で怒鳴りつけることだってある。どこにこんなに残っていたのかという思うほど強い力で暴れることも。そんな生々しいエピソードが再現される。

続いて、次男夫婦が入室してくる。次男は、ときおり訪れた兄の家で老母が適切に介護されているとは思えなかったことを話す。爪が不潔だった。食事がほかの家族のものと差別されていた。「叩《たた》かれる」と怖がっていた。そして、次男は訴える。長男の介護にかけた労力が相続において考慮されるなら、あの人がいつも長男として優遇されてきたことと相殺してほしい。彼は家の頭金を出してもらった。彼は大学を出してもらった。そして彼は幼い頃、ヴァイオリンを買ってもらった。どこまでさかのぼるのかというくらい出てくるは出てくるは……幼少期からの恨みつらみの数々が……。

長男夫婦も次男夫婦も、必ず口をそろえるのは「カネの問題ではない！」ということ。でも、裁判官が和解として提示した金額は、どちらも飲んではくれない。お金の問題じゃないなら、どんな金額でもよいでしょうにと思いながら、私は心のなかで言い直す。

「カネの問題じゃない＝お金だけの問題じゃない」……ハイハイ。

長男夫婦も次男夫婦も、身内でお金を争うことを、なんとなく恥ずかしいと思っている。その後ろめたさが、自分を正当化するための相手への攻撃になる。仮に長男と次男だけならば、なんとか和解できるかもしれない。だが、提示された金額に納得しかけた長男は、ちらりと妻の顔色をうかがう。実際に老母を介護したのは、自分ではなくむしろ妻なのだ。

妻はきつく唇をかみしめたまま、前を向いている。そして、長男は首を横に振るのだ。

「その条件じゃ飲めない」と。


人間のこんな側面を見るのは苦痛だと、私は思う。

お葬式に笑顔の写真を飾って「いいおばあちゃんでした。愛されるおばあちゃんでした」というその裏で、生身の家族の内部はこんなにもどろどろとしている。

長男夫婦も次男夫婦も、それさえなければ、通常の節度ある関係を保っていられた常識的な人に見える。これは特殊な人の争いではなくて、誰でもある人間の負の側面なのである。私の父も、祖母が亡くなったら叔父との間で同じような感情的争いを繰り広げるのだろうか？　長男の横顔に父の影を見つけたようで、私はいたたまれなくなる。だから私は、相続争いが苦手だった。

現代社会における「家」の残り香

今、日本では、もともとの「家」の価値観と、西欧由来の「個人」の価値観が交錯する過渡期にある。

相続というのは、「個人」の側の概念である。日本には、もともと財産が個人に帰属するという考え方はなかった。そういう考えが輸入されたことで、相続という制度ができあがったことはお話しした。

だが、こういう相続争いの法廷で、私は「家」という感覚が、社会に色濃く残っていることに気づく。たとえば、長男次男という序列が慣習として存在する。長男は、幼い頃から「お兄ちゃん、お兄ちゃん」と呼ばれてなにかと優遇される。家業を継ぐとすれば、まずは長男が第一候補者だ。それと引き換えに、年老いた両親は長男が自分の家に引き取って介護をするものだという価値観、これが今でも地方ではそれなりに強く残る。

考えてみれば、日本で社会問題となりつつある親の介護も、「家」という制度の遺物なのかもしれない。

年老いた親が介護を必要とするならば、既に家を出ていたとしても、まずは子どもが担い手となるべきだ。そういう感覚が日本にはある。老人ホームに入所させる費用を親の貯金で賄うことができなければ、それは子どもが負担するべきだと考える人も多いだろう。

財産が個人にではなく家にあると考える。すると、この価値観はとても自然だ。子どもの財布から親の介護を賄っているように見えて、その実、家の財産から隠居した先代の生活費を出しているにほかならないのだから。

そう考えると、アメリカのロー・スクールでの授業風景が異なったものに見えてくる。日本の子どもたちに思いやりがあって、アメリカの子どもたちは年老いた親に冷淡だという、そういう国民性みたいな話ではない。これは、アメリカの「家族」と日本の「家」の決定的な違いなのだ。

要するに、同じお財布を共有している人の単位が異なるということだ。

日本の場合には、別々の家族を営んでいるようで、親も子どもも、いつまでも緩やかに同じお財布を共有している。親の貯金はやがて自分が引き継ぐお金なのだ。だから、親の介護費用を自分のお金から先払いしたって、結局は同じことになる。

一方のアメリカは、子どもが独り立ちした時点で独立採算制になる。もちろん、親の遺産を相続することもあるだろう。だが、親が遺言によってどっかのチャリティ団体に全遺産を寄附してしまったらそれまでだ。ここは、子どもが遺留分なる取り分を主張できる日本の制度との違いである。アメリカ人の多くが遺言を残すとされる。ここからも分かるように、個人の人生の後始末は個人の意思によるのが、あの国の原則なのだ。それゆえに、老後の生活について子どもに期待することはできない。老後の生活資金は、運用するなりなんなりして、とにかく自分で残しておかなければならない。

そういう全体像の下で、ロー・スクールの教授は、「子どもが年老いた親の面倒をみるっていう義務が、そんなにはっきり法律に書いてあるの?」と私に問うた。そして、法学部の教授は、「江戸時代までの日本の『家』っていうのはね、これは、会社なのよ」と指摘したのだ。

「家」か？　それとも「個人」か？

世代を超えて家の財産を守っていくというシステムは、家の傘のもとで生活する人々を経済的に庇護《ひご》する制度でもある。つまり、日本の「家」には、かよわい者を守る機能がある。仕事をリタイアした親、結婚がうまくいかずに実家に戻った娘、独り立ちできずに引きこもる息子——単体なら経済的に立ちいかなくなるかもしれない人々も、家業があって一家を支える大黒柱がいれば、食べるものや住むところに困らないように面倒をみてもらえる。家は、社会のセーフティネットとしての役割も果たしてきた。

「家」は、そのなかにいる人を守る。だが、「家」が究極的に守ろうとしているのは、「個人」ではなく「家」そのものである。この事実を忘れてはならない。

浅田《あさだ》次郎《じろう》氏が、読売新聞に連載した小説が『流人道中記』（中央公論新社）という本になっている。青山玄蕃《あおやまげんば》という旗本は、罪を犯したのに切腹を拒む。処分に困った評定所は、玄蕃の身柄を松前藩《まつまえはん》に預けることにする。江戸から蝦夷《えぞ》地へは片道1カ月の長旅だ。道中の押送人として選ばれたのが、物語の語り部——19歳の見習与力・石川乙次郎《いしかわおとじろう》である。

最初こそ反発した乙次郎だったが、やがて玄蕃の不思議な魅力に惹《ひ》きつけられる。玄蕃は、格式ある家柄の旗本だ。乳母《おんば》日傘で育てられたこの男は、下々と交わったことなどないはず。それなのになぜか、道中で出会う無名の人々に向けられる玄蕃の視線は限りなく優しい。そして、貧乏町人の生活を、乙次郎よりもなおリアリティを持って理解している。厄介事を見事に解決し人々を助ける、この玄蕃は何者なのか？　彼は、いかなる罪を犯したのか？

後半に明かされる玄蕃の生い立ちと、その引き受けた罪は、深く胸を打つ。

だから、読むおつもりがある方は、ここから先の多少のネタバレをスキップしていただかなくてはならない。実は、玄蕃は、旗本の正室の息子ではないのだ。身分の高くない女性に、殿様のお手がついた。彼女は妊娠する。奥方様の怒りをおそれた小心の殿様は、お手つきの女性をお腹の中の子もろとも屋敷から放り出す。そのときのお腹の中の子が玄蕃だった。幼い玄蕃は病弱の母のもと貧乏長屋で育つ。ところが、正室の息子たちが、はやり病で相次いで亡くなってしまう。そこで、伝統ある家を絶やすよりはと、長屋から屋敷に呼び戻されたのが玄蕃だった。そんな彼は、貧乏というものを骨の髄まで知っていたのだ。

さて、物語の本筋ではないが重要なことがある。まず、家督を継ぐ者がいなくなって青山家を絶やすことは、決してあってはならないということ。それを防ぐためには、妾腹《しょうふく》と憎んで追い出した幼子すら、嫌々ながらも手元に引き取って奥方が育てなくてはならないということ。つまり、家を絶やすなという大いなる使命のもと、個人は心を押し殺す。

家の存続のために差し出すべきは心だけじゃない。命までも投げ出すべきという武士の掟《おきて》が物語の下敷きになっている。

罪を疑われた玄蕃に、評定所は切腹を言い渡す。もし切腹をすれば、青山家をお取り潰《つぶ》しにすることはせずに知行も家来もそのままにして、玄蕃の嫡男《ちゃくなん》に継がせることができるという。武士の切腹にはそういう意味合いがあったのだと私は知る。切腹が武士の名誉とされるのは、個人の命を投げうって家を守るという美学ゆえか。命と引き換えに、家の体面と財産が守られ、武士という「家業」を次の世代へ受け継がせることができる。

つまり、家の究極的な目的は家の存続にある。

平時において、家は、その大きな木の下に集まったかよわい個人を守ってくれる。だが、家を残すか個人が生きるかの究極的な事態では、躊躇《ちゅうちょ》なく個人を犠牲にして家を温存する道が選ばれる。個人を飲み込んで、家は連綿と続いていく。

家制度そのものは、戦後の民法からきれいさっぱり取り除かれた。だが、組織のために個人を犠牲にするという「美学」自体は、私たちの社会に根強く残っている。

JR東海事件が投げかけるもの

逆のこともいえる。個人の責任を、その家族にとらせるのが日本社会なのだ。2019年4月19日、池袋《いけぶくろ》で高齢ドライバーの運転する車が、赤信号を無視して横断歩道に突っ込み、母子の命を奪った。自身を含めて10人が怪我をしている。

防犯カメラに残る映像は衝撃的だった。

横断歩道が映し出される。そこに自転車に乗った親子がいる。若い母親は、後部座席に座る幼い娘を気遣いながら、信号が変わった横断歩道でペダルを踏み出す。家に帰るところかもしれない。「帰ったらアイスクリーム食べようね」「やったー、アイスクリーム!!」なんて、会話が聞こえてきそうなほど、それは美しい日常の光景だった。

それが引き裂かれる瞬間は突然訪れる。横断歩道のなかほどまでゆっくりと進んだ自転車。その瞬間、あり得ないスピードで画面に飛び込んできた物体。そして、その物体は自転車を跳ね上げる。のどかな日常が不合理な暴力によって唐突に崩れ去る。

自らも負傷した加害者は病院に運ばれる。

この高齢ドライバーは病院を動くことができない。そして警察は、彼を逮捕はしなかった。彼が旧通産省の官僚だったがゆえに、この待遇は「上級国民」扱いとネットを中心に猛烈に批判される。そして、バッシングは加害者家族にも及んだのだ。事件発生後に、茫《ぼう》然《ぜん》自《じ》失《しつ》のドライバーは息子に電話をかける。その事実が報道されると、「家族が運転を止めるべきだった」という声とともに、罵《ば》詈《り》雑言の矛先は息子へも向かっていく。年老いた親の責任は子どもが負うべきという価値観——これが、このバッシングの背後に横たわる。


そういう考え方の是非が正面から問われたのが、2016年3月1日のJR東海のホーム立入事故の最高裁判決だった。

不動産仲介業を営んでいた父（91歳）はアルツハイマー型認知症を発症しており、徘《はい》徊《かい》癖があった。介護を必要とする父と同居する母（85歳）は、本人も要介護認定されている。4人の子どもたちは全員が既に実家を出ていた。長男は、おそらく、仕事の都合で引っ越しが難しかったのだろう。そこで、長男のお嫁さんが単身で義理の両親の家の近くに越してくる。そこから長男のお嫁さんは、義父母の暮らす家に通って介護をすることになる。

その献身的な介護は、彼女の日課に表れている。

まず、午前7時頃に夫の両親の家に行く。義父を起こして着替えと食事を介助する。福祉施設に通わせる。戻ってきた父の話を聞く。義父が居眠りをはじめると台所で食事の準備をする。それから、3日に1回の散歩に付き添い、夕食、入浴。そして義父が眠ったことを確認して家に帰る。

「長男の嫁」という、独特の役割が日本にはあるようだ。

その日も、長男のお嫁さんは介護をしていた。

トイレの場所を把握できない義父は、所かまわず用を足す。その後始末として、おしっこをひっかけられた段ボールを自宅玄関先で片づけていたのだ。そのため、高齢の義母と義父が家のなかでふたりきりになってしまう。そして、義母がまどろんだそのすきに、義父はひとりで外出する。電車に乗って隣駅で下車した義父は、そこでも用を足そうと線路内に降りていく。そのときに、事故は起こったのだ。折しもホーム内に進入してきた電車が義父をはねる。電車の遅延も含めてその結果生じた損害720万円余り。これをJR東海は、民法714条に基づいて、亡くなった当人ではなくその妻と長男に請求した。

日本の民法714条は、事故を起こした本人ではなく、監督する者の責任を問う規定である。

この714条は、未成年の子どもも認知症の親も区別しない。両方とも、自分で責任を負うことができないのだから、監督者が責任を負うべきと定める。ドイツやフランスは、未成年の子どもに対する親の責任を広く認める。しかしそういう国であってさえ、認知症になってしまった親の責任を、介護する子どもに、同じように負わせることはない。ましてや、個人主義の国アメリカは、未成年の子どもがやらかしても、原則として責任を負うのは当人、親の責任は認めないのが伝統だった。

私たちの感覚からすると、それはあんまりだという気もしてくる。アメリカが個人主義の極にいるとすると、日本は逆に、連帯責任の極にいる。高齢の妻や離れて暮らす長男に責任を問うなんて……。

高齢の妻や離れて暮らす長男に責任を求めるのはやり過ぎだという考えもあるだろう。実際、第一審では認められた妻と長男の責任を、最高裁は両方とも引っくり返した。

だが、民法714条の謎は残ったままだ。

この条文は、本人に責任を問うことができないときでも、被害者が泣き寝入りをしないように、誰かに損害を賠償してもらうための定めではなかったのか？　一緒に暮らす親族も、離れて暮らす親族も、誰も責任を取らなくていいなら、巻き込まれた者は不運だったとあきらめるしかないのだろうか？

家族法の教授は、民法714条の不思議議を、「家」という概念から、鮮やかに解き明かしてくれた。

最高裁は、高齢の妻と離れて暮らす息子には責任がないとした。現代の社会の常識にかなうその判決は、しかし、民法714条のもともとの趣旨からは外れる。

この条文は、もともと家長に責任を問うための定めだったと、家族法の教授はいう。だいたいにして、亡くなった当人を介護していたのは長男のお嫁さんである。だが、ここでは離れて暮らす長男が責任を問われている。それはなぜか？

長男は、家族会議の中心となって、父の介護方針を最終的に決定し、自宅以外に多数の不動産や金融資産を保有する父の財産を管理していた。「家」の言葉に言い換えると、認知症になってしまった父から家督を譲られた長男は、家の財産を実質的に管理していたのだ。

民法714条は、未成年の子どもと認知症の親を、条文上区別しない。それはなぜか？財産は「個人」ではなく「家」にあるからだ。

未成年の子どもも認知症の親も、自分で稼ぐ力のない者は、家の傘の下に養われることになる。家の構成員の責任は、すべからく、その個人ではなく「家」をあて先として請求される。JR東海事件において、事故を起こした認知症の父は、金融資産だけで5000万円超を有する資産家だった。だが、家制度の理屈の下では、認知症の父「個人」ではなくて、財産は「家」にある。だからこそ、離れて暮らす息子は、父の資産を含めて家産を管理する家長としての責任を問われたのだ。彼「個人」ではなくて、「家」の代表者として。

民法714条の定めは、家制度の残滓《ざんし》であると教授は説く。

元農水事務次官の事件が問いかけるもの

「家」の残り香は、家を継ぐべき長男に「家族」という重荷を負わせている。それだけではない。今の時代、年老いた親ですら家族を両肩に背負わなければならない。

先日、読売新聞の「人生案内」のコーナーを読んでいたら、80代の男性から、生活費を入れずに親との会話も一切しない50代の息子に困っているという投書が目に入った。

投稿者は、80代の夫婦と50代の息子の家族3人で持ち家に暮らしている。夫婦は国民年金をもらっている。高卒の息子は6回転職している。休日は部屋にこもりきりで、訪ねてくる友人もいない。風の強い日に窓を閉めろといえば開けっ放し、親との会話を拒否している。親のいうことを素直に聞いてくれて、ふつうに会話できる関係になるためにはどうしたらいいのか、というのだ。

1990年代、成人してもなお実家に住んで、親のすねをかじり続ける「パラサイト・シングル」なる概念が提唱された。それが2010年代になると、引きこもった子どもが50歳、親が80歳になるにいたり、長期化する問題は「8050問題」と名を変える。

諸外国にも類似の問題がないとは言わない。だが、「引きこもり」という言葉は英語でもhikikomori。訳しきれないこの言葉は、すなわち、日本独自の概念を意味する。

ニート、すなわち、Not currently being Employed, Educated or Trainedは、もともとイギリス政府の報告書のなかで使われた言葉だ。だが、今では英語でNEETと耳にする機会よりも、日本語で「ニート」と聞く回数のほうが多いように思う。

「パラサイト・シングル」「8050問題」「引きこもり」「ニート」——。

これらは、日本固有とはいわないまでも、いまや、各国に先駆けて日本特有の問題となっている。

共通しているのは、親が子どもの面倒をどこまでもみなければならないという「無限抱擁」の考え方だ。そう、成人してもなお財布を共有しているという意識は、子どものみならず、親にも重荷を負わせる。経済的に独り立ちすることができなかった子どもを、親が死ぬまで、いや、死んでも背負い続けなければならない。

この因習は、元農水事務次官による長男殺害の悲劇に凝縮されている。

2019年6月1日、元農水次官である父が、一緒に暮らす無職の一人息子を刺し殺した。息子は小学校のときにいじめに遭い、中学校のときから母親に暴力を振るっていた。その後、専門学校や大学に進学をして一時期は就職していた息子は、2008年から無職となる。そして、事件の1週間前に、それまでひとりで暮らしていた家から息子が実家へと越して来た。一緒に暮らすようになった息子は、父の些細《ささい》なアドバイスに腹を立てて、母のみならず父にも暴力を振るうようになったという。おびえた両親は、一階を長男に明け渡して、二階で息をひそめる。

その日は土曜日だった。近所の小学校の運動会の日だ。それがうるさいと腹を立てた息子は「ぶっ殺す」と声を荒らげる。折しも、長年引きこもっていた男性が、小学生や保護者を道連れにして自らも命を絶つという惨劇が、3日前に川崎《かわさき》市で起きていた。父は憂慮する。自分たちが殺されるかもしれない。それだけでなく、息子が誰かを傷つけるかもしれない。懊悩《おうのう》を経て、父は決意する。家族の苦しみに自らの手で決着をつけようと――。

公判の過程で、元農水次官の夫婦には、息子のほかに娘もいたことがあきらかになる。娘は、引きこもりの兄が原因となって縁談が次々と破談になる。そして彼女は、「絶望して自殺」したと語られるのだ。

世論は、息子を殺した父に驚くほど同情的だった。「お父さんの気持ちがわかる」と、毒舌で知られるタレントが、テレビで神妙な面持ちを見せる。その後のタレントの発言から、親が子どもに対して無限の責任を負うという彼の感覚があきらかになる。

池袋暴走事件の加害者の息子は、法ではなく世論によって裁かれた。だが、この事件の父は、法によって裁かれてもなお、社会においてはむしろ擁護されたのだ。法は「個人」の責任という欧米の概念を取り入れた。それでもなお、世間は「家族」の責任という封建的な感覚を残している。

いまだに過渡期の私たちは……

アメリカの「家族」は、成人した子どもを含まない。逆に、成人した子どもが家族を作った場合、年老いた親はそこに含まれない。それぞれが個人として生活を切り拓《ひら》いていくしかないのだ。一方、日本の「家」は、世代を超えて私たちを緩やかに包含する。

明治維新のなかで、当時のびっくりするほど賢い人々は、西洋的な個人主義の概念を急速に吸収して法を作り上げた。だが、彼らの頭の回転が速すぎて、社会の側が置いてきぼりをくらう。だから、法と世間が乖離《かいり》したまま日本は今にいたっている。条文に定められた「個人」のロジックとは離れて、「家」というエモーションが私たちの心に温存されている。明治維新から150年を経て、私たちはいまだに「家」と「個人」の過渡期を生きている。

150年のときを経てしぶとく残った「家」の温度感。だが、これから社会は、急速に

「個人」の時代へと向かっていくだろう。

欧米、万歳!! 個人主義、万歳!!

そんな生易しいものではない。

ひとりでは経済的に立っていけない、かよわい者を保護する大樹としての役割を、「家」は担ってきた。数字上で見れば、アメリカに次ぐ「低福祉」社会の日本において、なぜかみんなが「高福祉」を受けてきたカラクリはここにある。「家」が、社会のセーフティネットを構成して、福祉の一部を受け持ってきたのだ。


つい少し前まで、私たちは老後の生活をさほど心配しなくてよかった。確かに、親の介護は重労働だろう。だが、自分の子どもたちにも同じような役割を期待することができた。引きこもっても生きていける。親がなんとかしてくれるから。年老いても生きていける。子どもたちがなんとかしてくれるから――。

それを当然の前提として人生を設計していける時代から、私たちは飛び出そうとしている。これから先、「個人」の時代を生きていくということは、「家」というぬくぬくしたこたつ布団をはねのけて、あえて冷たい外の世界に歩み出すことだ。

「家」の時代がバラ色だったとはいわない。だが、「個人」の時代へと続く道にもいばらが茂る。それぞれのメリットとデメリットは表裏の関係にある。だが、私たちは、いい悪いにかかわらず、「家」という社会の慣習から、「個人」主義的な未来へと加速度をつけて進んでいかなければならない。もう、後戻りはできない。

なぜなら、「家」が痩《や》せてしまったからだ。

戦後の社会の変化は、家族を急速に孤立させていった。少子化の進行により、家族の構成員が減ってしまった。元農水次官の事件を思い出してほしい。昔なら、たくさんの子どもたちがいて、長男が引きこもってしまっても、次男か三男が家を継いで働き手になっていたのではないか。年老いた親に代わって、腕力のある壮年期の息子たちが家を切り盛りしていれば、長男の多少の暴言にそれほどまでに不安を覚えることもなく、なだめすかしてともに生きていくことができたかもしれない。

そして、モータリゼーションなるものにより、地方から都市に人口が移動した。これはコミュニティの結びつきを希薄にした。長屋で世話焼きをするご隠居なんていうのは、もはや落語のなかだけにしか出てこない化石だ。あそこのおうちの子も、ここのおうちの子も、幼い頃から見知った仲間という『ＡＬＷＡＹＳ三丁目の夕日』みたいな牧歌的な風景は、いまや、郷愁のかなたである。

安倍晋三氏は『ALWAYS三丁目の夕日』が日本の原風景だといった。ロナルド・レーガン氏は『大草原の小さな家』がアメリカの原風景だといった。

もうどこにもないものを、人は懐かしむ。東京のマンションに暮らす今の私は、隣に誰が住んでいるかも知らない。元農水次官の事件後に、近所の人がいう。「あの家に息子さんなんていませんよ。高齢のご夫婦おふたり」「でも、30代くらいの女性の方を見たことがあるわ」。その女性が、娘なのか家政婦なのかは、近所の誰も知らない。

担い手が少なくなった家のなかで、地域から孤立した家族のなかで、事件は起きた。家長の座を譲りそこねた老父の痩せた肩に、家の重圧がのしかかる。引きこもりのこの子、この子の始末は家のなかだけでつけなくては!! 家の外に迷惑をかけないようにしなくては!!

近代化の抗《あらが》いがたい流れのなかで、私たちは家単位の社会から個人単位の社会へと移行していく。それは、家の束縛から解き放たれることだ。元農水次官は、成人した子どもを「自分で生きていけ」と、実家から放り出せる。そうしたって文句をいわれない社会になるだろう。それと同時に、それは家の庇護を失うことでもある。老後の生活保障を、身内に期待することができない社会が到来する。

「あら、どうして？　子どもが年老いた親の面倒をみるっていう義務が、そんなにはっきり法律に書いてあるの？」

30年後には、私たちが眉を吊り上げ、不思議そうに、そう問いただす側にまわっているかもしれない。だが同時に、バーソレッテ教授が思わず吐いた弱音が、私たちにブーメランのごとく切りかかってくる。

「日本と比べると、アメリカは年寄りに冷たい国だわ」

そうバーソレッテ教授は口にした。だが、教授は誤解している。

これは冷たいとか優しいとかいう、単なる性格の問題ではない。より大きな制度の問題なのだ。家という制度が担ってきた老後の経済的なセーフティネットを、これから、どこの誰が代わって背負ってくれるのか——。

その答えは、いまだ存在しない。

第5章
国境

アメリカの「実子」、日本の「養子」

「日本はまた鎖国をするつもりなの?」

ミンディ・ローズマン教授が首をかしげる。

ハーバード・ロー・スクールのロビーでは、高い天井から釣りさがった大きなシャンデリアが、窓から差し込む冬の陽を受けてきらめいている。居心地のよいソファに背を沈めながら、学生たちはカフェテリアから買ってきた飲み物を片手に歓談している。ロビーの両端には大きな暖炉が備えつけてある。2月の冬のこの日、暖炉には火がくべられている。

授業の最後に提出する論文の計画を立てるため、ローズマン教授に面会の予約を入れた。ローズマン教授は、オフィスではなくてロビーの暖炉のそばを指定してきた。ぱちぱちとはぜる火を見ているのが好きだという。

そこで私は、教授を相手に日本の家族法を説明する。このとき私がテーマとして選んだのは、代理懐胎だった。

日本では向井亜紀さんのケースがよく知られている。

2000年9月、向井さんにとっての妊娠の知らせは、喜びよりもむしろ痛みを伴うものだった。妊娠と同時に子宮頸《けい》がんが発見された彼女は、5カ月で妊娠継続をあきらめて、子宮を摘出する手術に踏み切る。それでも、「(夫である）高田《たかだ》（延彦《のぶひこ》）の優秀な遺伝子を残したい」という理由で、2002年、海を渡った夫婦はネバダ州で代理懐胎に踏み切る。

向井さんの卵子と夫である高田さんの精子を体外受精してできた胚《はい》を代理懐胎者の子宮に戻す。この試みは、最初の2回とも失敗に終わる。胚がうまく着床しなかったのだ。そして翌2003年、新しい代理懐胎者で挑んだ3回目が「奇跡的に」成功し、ふたつの胚が着床した。同じ年の11月、双子の赤ちゃんが生まれてくる。

2004年1月、夫婦は日本に連れ帰ってきた赤ちゃんを自分たちの「実子」として、品川《しながわ》区に出生届を提出する。しかし、品川区はその届出を受理しなかった。向井さんの代理懐胎はテレビで何度も報じられて、超有名になってしまった。品川区役所の戸籍住民課の人だって、もちろん知っている。そこで品川区は、向井さん自身が産んだ子どもではないという理由で、「実子」としての届出は受けられないと判断したのだ。

だが、向井さん側にも言い分がある。

向井さん夫婦は、2003年11月に、ネバダ州の裁判所に代理懐胎契約などの関係書類を提出して、内容を精査してもらっている。そして、向井さん夫婦が真摯《しんし》に子どもを望んでいること、代理懐胎者の生命や身体の安全を最重視して不当な搾取をしていないこと、代理懐胎者は主にはボランティア精神を動機としていて受け取った報酬も多額ではなく、子の売買に当たらないことなどを確認したうえで、ネバダ州の裁判所は代理懐胎を認めているのだ。

ネバダ州に住む日本人の夫婦がそこで養子縁組をしたとして、きちんとした手続に則《のっと》って州の裁判所から認められていれば、日本の裁判所でも原則として親子関係が承認される。だから、代理懐胎についてもネバダ州の判断は我が国でも尊重されるべきだ。

向井さん夫婦のこの申立ては、第一ラウンドの東京家裁で退けられ、ところが、第二ラウンドの東京高裁で認められ、そしてついに、最終ラウンド最高裁までのぼりつめた。

ふつうの裁判が最高裁まで行くことは滅多にない。弁護士だって、最高裁を経験することは一生に一度もないかもしれない。出産までに数々のハードルを乗り越えて、その先に法廷というさらに高い壁が待ち構えていたのだから、向井さんご夫婦はさぞかし大変だっただろう。アメリカの代理懐胎は、少なくとも2000万円はかかると聞く。心身ともに疲弊し、経済的にもかなりの額をつぎ込みながら、訴訟でも心理的・経済的に相当な摩耗を強いられたかと思うと、脱帽しかない。

で、最終ラウンドの審判である最高裁はなんといったか？

そう、最高裁は双子の子どもたちを向井さんの「実子」とは認めなかったのだ。それはなぜか？

親子関係は「身分関係のなかでも最も基本的なものであり、様々な社会生活上の関係における基礎となるもの」であると、最高裁は判じた。

それぞれの家族という単位が集まって、社会が構成されている。このうち、どの家族ユニットのなかに子どもを入れ込むべきか。子どもに対する責任を誰に負わせて、権利を誰に与えるべきか。これは社会の根本的な秩序に関わる重大事である。そして、親子関係というのは、どのユニットのなかで子どもを育てるか、誰に子どもの養育を任せるかということを決める上での最重要の基準になる。だから、子どもが生まれた瞬間に、複数の基準じゃなくて一律で、迷いようがないほどはっきりと親子が定まらなくてはならないと最高裁は判断した。

生まれてきた子どもについて「この子って向井亜紀さんのお子さんなんでしたっけ？」「で、高田延彦さんは子どもを育てる責任者？」「えっ、産みの母が別にいる？」などなどと侃々諤々《かんかんがくがく》の議論がはじまる。そうすると、その間、その子の「身分」が宙に浮く。「誰の子でもない子」という、狭間《はざま》に産み落とされた子どもは、誰にも守られない不安定な状況を強いられる。

だから、もうここはネバダ州がなんといおうと合衆国のルールがどうあろうと、「子どもを産んだ人＝母親」。うちの国はこれでいきましょう。代理懐胎者を母として確定しておきますから、あらかじめ合意があるんだったら、養子縁組というかたちで代理懐胎者から向井さん夫婦が親としての地位を譲り受けてくださいね、ということになった。

で、私がこの日本の向井さんのケースを紹介したところ、ローズマン教授は「日本はまた鎖国をするつもりなの？」といぶかしげに問うたのだ。

家族なんてものは、このご時世、容易に国境を超える。

実際には向井さんが母として子どもの面倒をみている。アメリカはそれを認めている。それが、日本という国に入ると「いやいや、代理懐胎者が母だ」とスタートラインの引き直しをして、「それを変更するには養子縁組を」という迂遠《うえん》な手続を経なくてはならない。

これって子どもにとってもマイナスでしかないでしょう。このローズマン教授の発想は、あくまで現実的なアメリカ人らしい。

ところで私は、不用意にもこのローズマン教授の「鎖国発言」を、日本の民法の教授にポロッと漏らしてしまった。民法の教授は顔色を変えた。

「じゃあ、聞くけど、インドネシアではひとりの男性が4人まで妻を持てるよね？　この5人の集団がアメリカに入国したら、アメリカは1対4の夫婦関係を認めるの？　全員が配偶者控除を受けられるの？　そんなはずないよね？　家族っていうのはその国の秩序の根幹なんだよ。それぞれの国がそれぞれの制度のなかで『家族』を認定し、『家族』にだけ与えられる特典を認める。親権に扶養義務、配偶者控除に扶養控除、児童手当に母子健康手帳——誰を妻とするのか、誰を母とするのかは、それぞれの国がそれぞれの事情に従って決めるべきだよ」

確かにそのとおり。

返す言葉もない私は、自分のうかつな発言にうなだれる。でもそこで、疑問がむくむくと湧き上がってもくる。

「結婚」なんて点いたり、消えたり

アメリカでは同性婚が認められている。

たとえば、アメリカで同性婚をしているジョンさんとピーターさんという男性同士のカップルが、仕事の都合で日本に引っ越してきた場合にはどうなるのだろう。

大学教授のジョンさんと会計士のピーターさんは、15年にわたってお互いを真摯に誠実に愛し続けている。母国ではふたりの関係は「結婚」というかたちで、みんなに祝福され、国家のお墨つきを得ている。だが、向井さんがアメリカでの「親子関係」を日本では認めてもらえなかったように、ジョンさんとピーターさんも、アメリカでの「婚姻関係」を日本では認めてもらえないかもしれない。

じゃあ、デヴィ夫人はどうなんだろう？

デヴィ・スカルノさんは、インドネシアのスカルノ元大統領の4人いる妻のうちの第三夫人に当たる。インドネシアの政変に伴って、スカルノ元大統領と4人の夫人たちが日本に亡命していたら、インドネシアでは認められていた夫婦関係を日本はどう扱っていたのだろう？

スカルノ元大統領が第二夫人と離婚したら、財産分与ってどうなるの？　日本の民法は1対1の夫婦を想定している。財産分与は半分半分が原則。スカルノ元大統領の財産を部分的に第二夫人に与えるなんて法律はない。

スカルノ元大統領が亡くなったら、その遺産ってどうなるの？　日本の民法上、妻の法定相続分は2分の1。4人の夫人たちで財産を4等分するなんて法律はない。

アメリカで認められた同性婚はともかくとして、インドネシアで認められた多重婚を、日本のシステムのなかにそのまま取り入れることはできない。

だから、当然のことながら、日本で暮らしたければ、日本の社会秩序に沿うように、家族の単位を組み替えてもらうことになる。ということは、ある国で結婚していたとしても、よその国ではそれが結婚として扱われないことがあるのだ。

そう考えると、結婚っていうのは、相互を縛る絶対的な関係でもなんでもなくて、場所によってしてたりしてなかったりする、相対的なものだ。

そこで、私がハーバード・ロー・スクールで師事したジャネット・ハリー教授は、「点滅する結婚」という概念を打ち出した。断末魔の電球のように結婚がチカチカするのだ。なんだそれ？　どういうこと？

ハリー教授は、法律婚、事実婚、パートナーシップと、「結婚」にも様々な選択肢があると説く。籍を入れる法律婚もあれば、入れないままにしておく事実婚もある。日本の場合には、同性婚は認められていないけれど、たとえば、渋谷区などではパートナーシップ証明書というのをもらえる。それからハリー教授は、離婚の際の相手の財産の分与、相手が亡くなった場合の相続権、相手の子どもを対象にした有給の育児休暇、相手のカードの家族会員と、「結婚」によって得られる権利や特典を並べる。法律婚の場合には、通常はどの権利も特典も受けられる。

事実婚の場合には、関係を解消するときに財産を分けてもらうことはできる。だが、相手が亡くなったとき、どんなに尽くしていたとしても、相続権は認められない。

女優の萬田《まんだ》久子《ひさこ》さんは、略奪愛をバッシングされてから25年にわたり事実婚を貫きとおした。資産家だった内縁の夫は、萬田さんに会社の株式を渡すなどの工夫をしたのだとは思う。というのも、彼女は法律上の妻ではなく、それゆえ、相続権はないのだから。だけど、少し頬がこけながらも凛《りん》とした喪服姿で、内縁の夫の葬儀の喪主を務める萬田さんを、参列者全員が彼の妻として尊重したのではないか。いや、もしかして、前妻の関係者とかはそうじゃないかもしれないけれど。

萬田さんと前妻との間の葛藤《かっとう》について話したいわけではない。問題は喪主を務める萬田さんを彼の〝妻〟と皆が認めたとしても、相続に関する法律は萬田さんを彼の〝妻〟とは認めないというところにある。

法律が意地悪だという話をしたいわけでもない。特定の場面では彼の〝妻〟であり、特定の権利に関しては彼の〝妻〟ではない。要するに、〝妻〟というスイッチが常にオンになっているわけでもなくて、逆に、常にオフになっているわけでもなくて、特定の場面ではオンになったり、特定の権利についてはオフになったり。電気が点《つ》いたり、消えたりする。

なんだこれ？　チカチカするな、と。

そう、これがハリー教授の提唱した「点滅する結婚」の概念なのだ。

もともと法律婚、事実婚くらいの選択肢しか日本にはなかった。

最近は、さらに選択肢が増えつつある。渋谷区のパートナーシップ証明書を発行してもらえば、家族向けの区営住宅に入居できるという。このとき、区役所は同性のパートナーを法律婚の配偶者と同等に扱っている。そう、この入居条件において、彼ら彼女らは「結婚」の特典を受けている。

最近では、同性パートナーの産んだ子どもについての育児休暇を認める企業もある。

楽天は、家計を同じくしていれば、同性パートナーにも楽天カードの家族カードを発行する。携帯電話会社のなかには、渋谷区のパートナーシップ証明書などがあれば「家族割」を受けられるところもあるとか。今はまだ限定的だけれど、この瞬間、この場面に限って、同性カップルに「結婚」と同じ特典が与えることができる。そして、これはどんどん拡大していくだろう。

「あなたは結婚していますか?」

この質問に「はい」とか「いいえ」とかで答えられるシンプルな時代にさようなら。

アメリカの同性婚、インドネシアの多重婚、日本の事実婚、パートナーシップ条例、LGBTQ+に対する企業の扱い――。

「この瞬間、この場所で、この権利や特典に関してあなたは『結婚』しているという扱いを受けますか?」

こう正確に問わなくてはならない。

結婚スイッチは常にオンになっているわけでもない。常にオフになっているわけでもない。

『女の甲冑、着たり脱いだり毎日が戦なり。』（文春文庫・2018年）とジェーン・スーさんはいう。そう、私たちは結婚という鎧《よろい》を着脱可能な時代に突入しつつある。

「親子」ですらも、点いたり、消えたり

そして、向井さんの判決をみる限り、親子ですらもこの〝相対化〟という時代の波から逃れることができない。

アメリカで、確かに〝親子〟と認められた向井さんと双子ちゃんを、日本の裁判所は〝親子〟とは認めなかった。父親に単独で親権を与えるアメリカの離婚裁判の判決を、日本の裁判所が承認しなかった事例もある。出頭しない非協力的な母親への制裁として、アメリカの裁判所は父親に単独親権を認めることがある。母親をとっちめようとしているのだろう。けれど、母親と会えない子どもこそ罰せられているようにも見える。日本の裁判所は、こういう考え方はとらない。よって、アメリカの離婚裁判の判決を承認せずに、日本においては、父親も母親も共同親権を認められるということが現実にある。母親についていえば、アメリカでは親権がない。でも、日本では親権があるのだ。

それどころじゃない。

アメリカの親子法は、日本がついていけない程度に、多様になりつつある。

まずは、冒頭で問題になった代理懐胎の事案がそう。代理懐胎を認めるアメリカの州では、子どもを産んだ女性でも卵子を提供した女性でもなく、彼女たちと合意して親になるという権利を譲ってもらった女性が母になる。分娩《ぶんべん》でもない、血縁でもない。親になるという〝意思〟によって、彼女は母になるのだ。

さらに、子どもの親としての役割を果たしている者を親として認める州も増えつつある。

たとえば、女性の同性カップルが、ふたりで子どもを育てようと決意したとする。ひとりが精子提供を受けて妊娠・出産する。同性パートナーは、子どもとの間に血縁はない。そして、子どもの母との間に婚姻もなかったとする。さらに、代理懐胎の場合と違って、子どもが生まれる前に書面の契約を交わしてもいない。それでも、子どもが生まれてくる前から母と暮らし、妊婦になった母を気遣い、生まれてきた子どもの親としての役割を全面的に引き受け、ミルクをあげて子どもをあやし、子どもと心理的に強く結びついている。子どもと血縁がなくても、子どもが親として認識している者を親と認める。

〝分娩〟でもない、〝血縁〟でもない。そして、〝意思〟でもない――。

親としての〝機能〟ゆえに、親となるという新しい類型である。

さらにさらに、〝分娩〟〝血縁〟〝意思〟〝機能〟と親としての類型が増えるにしたがって、親となり得る候補者が増えてしまう場合がある。

先ほどの女性の同性カップルのケースを考えてみよう。彼女たちは精子バンクは高いし、信用できないかもしれないしと思って、友人のゲイの男性から精子をもらっていたとする。子どもを産んだ彼女は「ママ」として、その同性パートナーは「マミー」として子どもを育てている。そして、ゲイの男性は、子どものお誕生会にはプレゼントを欠かさず、それ以外にもちょくちょく遊びに来て、子どもに親しまれている。

子どもを産んだ女性は〝分娩〟で文句なく親。精子提供をした男性も〝血縁〟で親。じゃあ、子どもの「マミー」はどうなるの？　といえば、彼女も子どもと関係を形成し、親として〝機能〟しているので親。

さて、どうやって親をふたりに絞りましょうと悩んだカリフォルニア州の裁判所は、2011年「もういいや、親は3人でもいいでしょう」と、半ば投げやりにも思える判決を繰り出した。ところが驚くことに、2013年、カリフォルニア州は「親は3人でもいいでしょう」と、法律に書き込んだのだ。

判例を読んでいると、こんなケースもある。

男性の同性カップルであるダンとジェシーについて「彼らは最高のパパになるわ」と勢い込んだ親友の女性ケリーは、3人で子どもを育てようというアイデアを思いつく。人工授精が高価であるため、キットを買ってきて、ダンの精子でケリーが妊娠する。生まれてきた子どもには血縁を分けてあげられなかったジェシーの名前をつける。

ダンとジェシーの暮らすニューヨーク州マンハッタンのマンション、ケリーの住むニュージャージー州ポイントプレザントビーチの一軒家の両方が、子どもの家庭になった。

平日は摩天楼そびえたつ大都会で、週末はのどかな郊外で、子どもはすくすくと育っていく。会社を経営するダンはスケジューラーとして、高校教師のジェシーは教育者として、両親の所有するレストランで働くケリーは子どもに驚きと喜びを与える存在として、それぞれ異なる価値を子どもに提供する。この新しいかたちの子育ては当初はうまくいき、なんかクールな感じがする自分たちの家族像に3人とも有頂天になっていた。家族の新しいモデルとして、おしゃれ雑誌の『marie claire』にも取り上げられた。

ところが、順調だった家族関係は、唐突に瓦解《がかい》しはじめる。

きっかけは独り身のケリーの恋だった。

毎年、夏になるたびにケリーは、ダンとジェシーの同意を得て、コスタリカにあるケリーの両親のセカンドハウスに子どもを連れて行っていた。そして、そこでケリーは隣人と恋に落ちたのだ。おそらくケリーというのは、超アクティブな女性なのだろう。恋に落ちたら、前進あるのみ！

恋人は、前の妻との間に子どもがいる。平日は前妻と過ごすその子どもは、だが、週末のたびに恋人の家にやってくる。我が子との交流を絶やしたくない。そのためには、前妻と子どもが暮らすカリフォルニア州から恋人は離れられないのだ。

「それなら、私がそっちに行くわ」

ということで、ケリーは、子どもを連れてカリフォルニア州に移住することを決意した。ところが、マンハッタンに暮らすダンとジェシーは激しく反対する。「僕らの子でもあるんだから。勝手にそんなことしないで」と。

結局、裁判所は〝分娩〟によりケリーを親とし、〝血縁〟によりダンを親とし、そして、多くの時間を共有して子どもと精神的に強く結びついたジェシーは、親としての役割を果たすという〝機能〟を基準に親と認めた。そして、子どもにとっては、ダンとジェシーも必要という理由で、ケリーがカリフォルニア州に移住するのを許さなかった。平日はダンとジェシーが子どもの面倒をみて、週末はケリーが子どもと過ごすようにと、裁判所は親たちに命じる。

これがコンテンポラリーでクールな家族像なのか？　むしろ、子どもにとっては虐待に近いのか？

それは長い時間をかけて議論していかなくてはならない重要な問題である。

その課題は、ここではちょっとスキップして、別の命題を考えてみたい。

この行動的なケリーさんがなにを思ったか、ダンとジェシーと子どもをみんな引きつれて、日本に引っ越してきたとする。私たちの国の謹厳実直な裁判官たちは目を白黒させながら、果たしてなんというだろうか。

誰が子どもの親なんだろう？　誰が子どもの親じゃないんだろう？　3人とも子どもの親なんて、とても認めてはくれないよね？

ケリーだけが親？　オーケー。

でも、それなら、平日ずっと子どもと接しているダンとジェシーを、どう位置づけるかという問題が残る。

彼らは子どもを誘拐しているの？　ケリーが求めれば、いつでも子どもを返さなきゃいけないの？　じゃあ、ケリーとの関係がうまくいっているとして、彼らは保育園のお迎えリストに名前を載せてもらえるのだろうか？　彼らの会社は、彼らに育児休暇を認めるのだろうか？　毎日、子どもになにを食べさせ、なにを着せという細々としたことから、この子の将来に向けてなにを学ばせ、どんな夢への道を手助けするかという大きなことまで彼らはどれくらい口出しできるのだろうか？

「時と場合による」

ザッツオール。そう、そのとおり!!

保育園が、会社が、法律が、どんなときに彼らを親として扱い、どんなときに扱わないか。それはまさに時と場合によるだろう。

親として扱われるときも、そうじゃないときもあるだろう。

そう、常に親としてのスイッチがオンになっているわけでも、オフになっているわけでもない。「親子」ですら点滅するのだ。

チカチカする結婚。チカチカする親子。確かだと思っていた「家族」が瞬く。

ステイタスとしての家族、プロセスとしての家族

ここで、この章の最初に紹介した日本の最高裁判所の判決に、もう一度、立ち戻ってみよう。

母になりたいと願い、母として子どもを世話する向井亜紀さんを、私たちの国の最高裁判所は母とは認めなかった。

「子どもを産んだ人＝母親」という最高裁の理屈によれば、ネバダ州で暮らす代理懐胎者シンディさんが双子ちゃんの母となる。だが、これは極めておかしな結論だ。シンディさんにその気はない。子どもと一緒に住んでもいない。それだけではなく、ネバダ州の法律によれば代理懐胎者のシンディさんは母ではないのだから。日本では向井さんが母じゃない。アメリカではシンディさんが母じゃない。

日米の国境の狭間で〝母のない子〟を生み出してしまった最高裁は罪深い。

だが、日本の最高裁は、有名なセレブリティ夫婦に意地悪をしたかったわけではない。たぶん。

アメリカから連れ帰ってきた双子を不幸にしたかったわけでもない。これは絶対そう。

向井さんと双子ちゃんには涙を呑《の》んでもらいながら、彼らはほかの多くの子どもたちを救おうとしたのだ。つまり、この事案の妥当な解決を犠牲にしながら、もっと大きな秩序を守ろうと彼らは考えた。そこまでして、彼らはなにを守りたかったのか？

それは、親子という「身分」である。

親子の基準は明確でなければならない。一律でなければならない。子どもがこの世に産み落とされたその瞬間に、迷いようがなくはっきりと、その子の母が存在しなくてはならない。

ひとりで生きていけない子どもには、母という〝よすが〟が必要だ。心の拠《よ》り所でもあり、生活の手段でもあり、そういう間違いなく頼れる存在を、どの子にも与えてやらなくてはならない。

だから最高裁は、双子ちゃんには可哀そうだけれど、「子どもを産んだ人＝母親」というルールの例外を認めなかった。双子ちゃんの涙と引き換えに、〝誰の子でもない子〟を減らそうと考えた。目の前のこの子たちを救えなくても、それが結果的には多くの子どもたちを守ることになると信じていた。

親子というのは「身分」なのだ。

この世に産み落とされた瞬間に定まり、多くの場合、生涯不変である。産まれたての頼りない赤子を支える土台として、社会のなかには家族という確固とした単位があって、その安定したハコのなかで子どもが養育されていくことが望ましい。

だが、その最高裁の望みに反して、世の中は逆方向に動いているようだ。コロナという災いを経てもなお、人は国境を超えて移動し続けるだろう。

日本の／アメリカの／インドネシアの、仏教の／キリスト教の／イスラム教の、大都市では様々な「家族」が入り乱れ、そして、隣同士に暮らしていく。

そして、家族は法律によって定められるものであると同時に、社会によって認知されるものだ。日本でも、これから多くのLGBTQ+フレンドリーの企業が、同性パートナーを「家族」として認めることになるだろう。そして、「家族」は瞬くのだ。

女性として生まれたものの、自分の性別に違和感を覚えた環《たまき》君という友人がいる。

環君は男として生きることを選択した。そして、幼い頃から家族ぐるみで仲良くしていた彩《あや》ちゃんのことを好きになった。彩ちゃんは告白を受け入れ、それなりのすったもんだを経て、ふたりは一緒に暮らしはじめた。そして、友人のゲイカップルのひとりから精子提供を受けて、彩ちゃんは妊娠して、子どもが生まれた。

先日、遊びに行ったら、赤ちゃんはつかまり立ちができるようになっていた。彩ちゃんは、赤ちゃんをあやしながら、唐揚げや焼きそばを手際よく作ってくれる。環君は、昨日買ったばかりというたこ焼き器で、器用にたこ焼きを引っくり返す。むずかりもせず、濡《ぬ》れたような黒目がちの瞳《ひとみ》でじっと大人の話を聞く我が子を膝《ひざ》に抱きながら。環君は、この世でもっとも大事なものを扱うように、何度も優しくその子の頭をなでる。

「コロナってさ、仲のいい家族はもっと仲良くするし、仲の悪い家族はもっと仲悪くするよね」と、環君はふっとつぶやく。

「そうだね」とうなずく私は、彼らを「家族」として捉えている。

でも、日本の法律上、ふたりは結婚していない。

彩ちゃんは子どもの戸籍上の唯一の母で、環君は父として記載されていない。彩ちゃんに精子をくれたゲイの男性とそのパートナーは、子どもの誕生をことのほか喜んで、ちょくちょく顔を見に来るのだという。精子提供をしたひとりがもし将来訴えでれば、DNA鑑定の結果、彼が子どもの父になるのかもしれない。

世間が、法律が、会社が、学校が、彼ら彼女らをいついかなるタイミングで「親」として扱うのか。

それはケースバイケース。

だから、生涯不変の「身分」であるべきと最高裁が願った親子も、今では着脱可能な「関係」になりつつある。

「家族」は、かつてほどはっきりした塊でなくなってきている。

婚姻で結びついた夫婦と血縁で結びついた親子。こういうがっちりした結束が、家族の境界をクリアに定めてきた。だが今では、家族は、この瞬間、この場所における個人と個人の関係の問題に帰着しつつあるようだ。

保育園では、彼は〝お父さん〟と扱われている。会社では、彼はパートナーの子どもについて育児休暇を申請できる。だが、彼は戸籍の上では〝父〟ではないというように。

日本の最高裁は、確固とした「身分」を私たちに与えようとした。

それは私たちが生きていくうえでの確かな土台になる。家族はそこにあるのだ。家族は〝存在〟だ。家族は〝状態〟だ。家族は〝静態〟だ。

しかし、社会は逆方向に動いていく。家族は、そのときどきによって変わり得る個人と個人の「関係」になりつつある。あるときは〝父〟あるときは〝他人〟。あるときは〝妻〟あるときは〝他人〟。

家族が点滅する。

そこに新たに広がる「家族像」は、アメーバのようにかたちがなく、かつ、かたちを変え続ける。

そう、家族は、〝静態〟から〝動態〟へと、家族であるという〝ステイタス〟から家族になり続けるという〝プロセス〟へと変貌《へんぼう》を遂げつつあるのだ。

さて、「私の親は誰か」。この問いに対する答えされも曖昧《あいまい》になっていく。こんな世界のなかで確かなものってなんなんだろう？ 私のアイデンティティはどうなるのだろう？ 誰が私を丸ごと肯定してくれるのだろう？ 誰になら、私は安心してこの身を委ねることができるのだろう？

私たちはわからなくなる。私たちは宙に放り出されたような不安を味わう。

第三章でトニ・モリスンの『青い眼がほしい』の話をした。

この小説は、白人の中産階級の模範的な家族像を謳《うた》う小学校の教科書の一節からはじまる。緑と白の美しい家の前に立つ力強い父と心優しい母、そして、子どもたちの姿を描く一節だ。中西部に暮らす主人公の黒人少女クローディアの家族は、そういう理想からは程遠い。クローディアの家は貧しくて、生活にいっぱいいっぱいだ。きれいな家に住んでいるわけではない。クローディアをきつく叱るお母さんは必ずしも優しくない。

だが、風邪をひいて夜中にせき込むクローディアは、寝室に入ってくる静かな足音を聞く。続けて、フランネルのボタンを留め直し、キルトを整え直し、そして、額に置かれる手の温度を感じる。その手の温かさに彼女は母を知るのだ。

模範的じゃなくても、ふつうから外れていても、不確かな時代にあってもなお、この手のぬくもりに、私たちは自分を気遣う誰かの存在を確かに感じ取る。

それこそが「家族」のコアの部分なのかもしれない。

アメリカで私は「家族」を探求する旅をはじめた。ハーバード・ロー・スクールでは、学期の最後までに論文の提出が求められる。私は「家族」をテーマに論文を書いた。今、読み返してみると、稚拙な論文である。特に最後の部分は出来が悪い。客観的な論証ではなくて、主観的な感想になっている。論文じゃない、感想文だと怒られそうだ。そう、私は論文の最後をこう締めたのだ。

多くの人が家族に対して強烈なノスタルジーを持っている。結婚の誓いは破られるべきではない。親は自分よりも子どもを優先するものだ。家族という現実を冷静に観察するときに、この郷愁が、思い込みとなって私たちの邪魔をする。

家族は結びついているべきだ!! そこに愛があるべきだ!!

結婚を会社法のパートナーシップと比較したり、親子という生涯不変であるべき関係を契約と捉《とら》えたりすることについて、心理的な抵抗や批判もある。家族というのはとにかく神聖で特別なものなんだから、経済的な関係や事業の形態みたいな他の社会のシステムと比較したり、一般化したりすべきではないと言い切って、考えることを放棄したくなる。

だが、この衝動を抑えて、私は家族とはなにかを自分自身に問い続けた。何度も何度も。

そして、家族というのは、ただそこに存在するステイタスではないのだと、私は考えるようになった。

私たちは家族になろうとしている。私たちは、日々、家族になり続けている。

家族といえど、他人である。近しいがために、すべてを分かち合えると思い込み、考えが違えば裏切られたと憤る。ときに醜く罵《ののし》りあい、じたばたともがく。それでも、私たちは「家族」をあきらめることができない。彼らを理解しようとし、傷つき、傷つけ、それでも気にかけ続けている。寄り添いたいと願う、この絶ゆみない歩み寄りのプロセスだけが私たちを固く結びつけて「家族」にする。

私たちは「家族」であるんじゃない。日々、「家族」になり続けてるんだ。

家族というものはステイタスからプロセスになりつつある。かっちりとした身分秩序から、個人と個人のそのときどきの関係へと展開しつつある。固いものが、柔らかくなっていく。確かなものが、曖昧になっていく。

それでもその芯《しん》の部分に、変わらぬなにかを見出《みいだ》したいと、私は願う。家族には普遍的な価値があるべきだと感じる。おそらくこれは、私自身の単なる願望なのだ。そしてこの願いは、家族を見たいように見るというバイアスにつながり、客観的な研究には不要な妄執を生み出す。

それでも私は、あきらめることができない。葛藤と願望を抱えながら。「家族」をバラバラにしてしまいたいという衝動と、「家族」はこうあってほしいという郷愁と闘いながら。私は今日も問い続ける。

「家族ってなんだ、家族ってなんなんだ!!」

アメリカで「家族」を見つける旅をはじめた私は、今もまだその果てない道の途上にいる。

おわりに

聖家族への挑戦状を叩《たた》きつけるつもりだったのだ、私は。

中学生のときに私にとって〝ふつう〟であることは、ひとつの闘いだった。

スカートの長さは短すぎず長すぎず。移動教室のときには友達と連れだって。修学旅行の前には、みんながしている程度にムダ毛を処理する。

サッカー部のお調子者のまさや君は母子家庭の子ではあるが、あっけらかんとしたギャグセンスを武器にクラスに溶け込んでいる。はぎのちゃんが転校するのは、どうやらお母さんが再婚したためらしいと、まことしやかにささやかれる。えっ、はぎのちゃんのご両親って離婚してたんだ。彼女からその重大な秘密を打ち明けられていた子とそうでない子の間で、微妙な空気が流れる。

これって「ふつうの家族」の範囲？　そうじゃないというレッテルを貼られたらどうし

よう？　私たちは、常に隣の人の顔色をうかがいながら生きていた。

「大丈夫？　私、浮いてない？　空気、読めてる？」

変わった子というレッテルは、無邪気なからかいになり、そこからいじめへと発展する。授業中に突然まわってくる手紙。あの子を無視するという指示。そして、明日は私という不安。〝ふつう〟の範疇《はんちゅう》から外れないこと――中学校という集団を生き抜くために、それは死活問題だったのだ。


今、世界は大きく変わろうとしている。

「世間一般の〝ふつう〟と闘うふたりの物語です。夫婦の形や幸せの形は人それぞれです。幸せは決してひとつではありません。地上波で今作が放送されるということで、より多くの人に〝自分を抑え込んで生きる必要なんてない〟ということが伝われば嬉《うれ》しいです」

若手イケメン俳優はさわやかに主演ドラマの意気込みを語る。

夫婦の間で男女の営みがどうしてもできない。他の人が相手だったらできるのに。性的な結びつきよりも、お互い好きだから一緒にいたいという思いで結婚した夫婦が「一般的でない悩みを抱え苦しみつつも、自分たちだけの夫婦のカタチを見つけ出す」というドラマらしい。

テレビをつけると、きれいに化粧をほどこした男性タレントが〝多様性〟を語る。カラフルな衣装に身を包んだ大柄なドラァグクイーンが毒舌を叩き込む。

私たちは今〝ふつうじゃない〟ことに命を賭《か》ける時代に突入しつつある。

だがしかし、私はそこにあの中学校のクラスと同じ圧迫感を見出《みいだ》す。

著名な経済評論家の女性が、同性が好きだという性指向を、彼女の同性パートナーとのツーショット写真とともにカミングアウトしたときのこと。いくら場数を踏んだ有名人でも、こういうデリケートな告白は非常に勇気がいるだろうと、私も敬意を表する。

ただ、その後にTwitter上にわきあがる賛辞のまぶしさが、私を緊張させる。人気ブロガーは「社会が変わる大きな一歩だ」とし、脳科学者は「それぞれの個性を育み、花咲かせる自由が、さらに世の中にあふれますように」と綴る。リベラル系のジャーナリストは「ふたりで映っている写真がとてもステキだと思う。こうやって少しずつ社会は変わっていくのだろう」と祝福する。

私は、あの中学校の教室に放り込まれたような窮屈さを覚える。彼女のカミングアウトに賛同していることを表明しなくては。心のなかで敬意を表するだけじゃダメ。こじゃれたメッセージでSNSの空間にのっけるの。私もみんなと同じ温度感だということを早めに伝えないと。マジョリティの側にいると示さないと。私は、私は、この教室のなかで居場所を失う。あのときと同じ強迫観念。

そして、私は思ったのだ。

〝ふつう〟であることが死活問題だったあの頃と、〝ふつうじゃない〟ことに理解を示していることが生命線の今。真逆のようで、私たちは同じ同調圧力のなかを生きている。

そう気づいたときに、私は自分のスタンスを見直した。

この本は、当初、「聖家族への挑戦状」になるはずだった。「ふつうの家族」というプレッシャーに断固抗議するのだ。

でも、〝ふつう〟を押しつけられたくない私は、〝多様性〟を押し売りしたいわけでもない。新しく生まれつつあるマジョリティの側にまわって、「空気を読まない」古臭い奴らをつるし上げたいわけじゃない。自分と違う人間をさらして、多数派の一体感を強めていたあの中学校の空間は、今のＳＮＳの空間につながる。

これからの時代、私たちがすべきことは〝違い〟をあぶりだすことじゃなくて、〝同じ〟を探しにいくことなんじゃないか。家族のあり方が変わってもなお、昔と変わらない普遍的ななにかをその真ん中のところに見つけにいくことじゃないかと、私は思うようになった。

「家族の普遍」を探す私の旅はまだはじまったばかり。

ひとつだけ言えるのは、そこがゴールだと確信できる究極の「ふつうの家族」なんて、昔も今もどこにもいなかったということだろう。

平平凡凡に思える私が育った家にも、日々、様々な葛藤《かっとう》があった。私を厳しくしかった母は、寝静まった子ども部屋で「ごめんね」とつぶやく。母に暴言を吐いて家を出た私は、今でも謝罪の機会を探している。

私たちは近しい誰かを傷つけて、それに後悔して自分も傷つき、そうやって傷だらけになりながら、日々、「家族」という聖なる戦いに身を投じている。

「聖家族への挑戦状」を叩きつけるはずだったこの同じ力で、「家族という聖戦」を生き抜く者たちの背を力いっぱい押してやろう。

身体の芯《しん》からこみあげてくるこの温かさ。そうか、人と人が触れ合う瞬間、家族はかくも暖かく瞬く。

山口　真由

編集協力　岩川悟（合同会社スリップストリーム）／辻本圭介

山口真由（やまぐち　まゆ）
信州大学特任准教授・ニューヨーク州弁護士。1983年、北海道に生まれる。東京大学を「法学部における成績優秀者」として総長賞を受け卒業後、財務省に入省し主税局に配属。2008年に財務省を退官し、その後、15年まで弁護士として主に企業法務を担当する。
同年、ハーバード・ロースクール（LL.M.）に留学し、16年に修了。17年、ニューヨーク州弁護士登録。帰国後は東京大学大学院法学政治学研究科博士課程に進み、日米の「家族法」を研究。20年、博士課程修了。同年、信州大学特任准教授に就任。主な著書に『いいエリート、わるいエリート』（新潮新書）、『高学歴エリート女はダメですか』（幻冬舎）などがある。

「ふつうの家《か》族《ぞく》」にさようなら

2021年２月26日　初版発行
2022年５月25日　４版発行

著者／山口《やまぐち》真《ま》由《ゆ》

発行者／青柳昌行

発行／株式会社KADOKAWA
〒102-8177　東京都千代田区富士見2-13-3
電話　0570-002-301(ナビダイヤル)

印刷・製本／大日本印刷株式会社

ISBN 978-4-04-109954-4　C0095